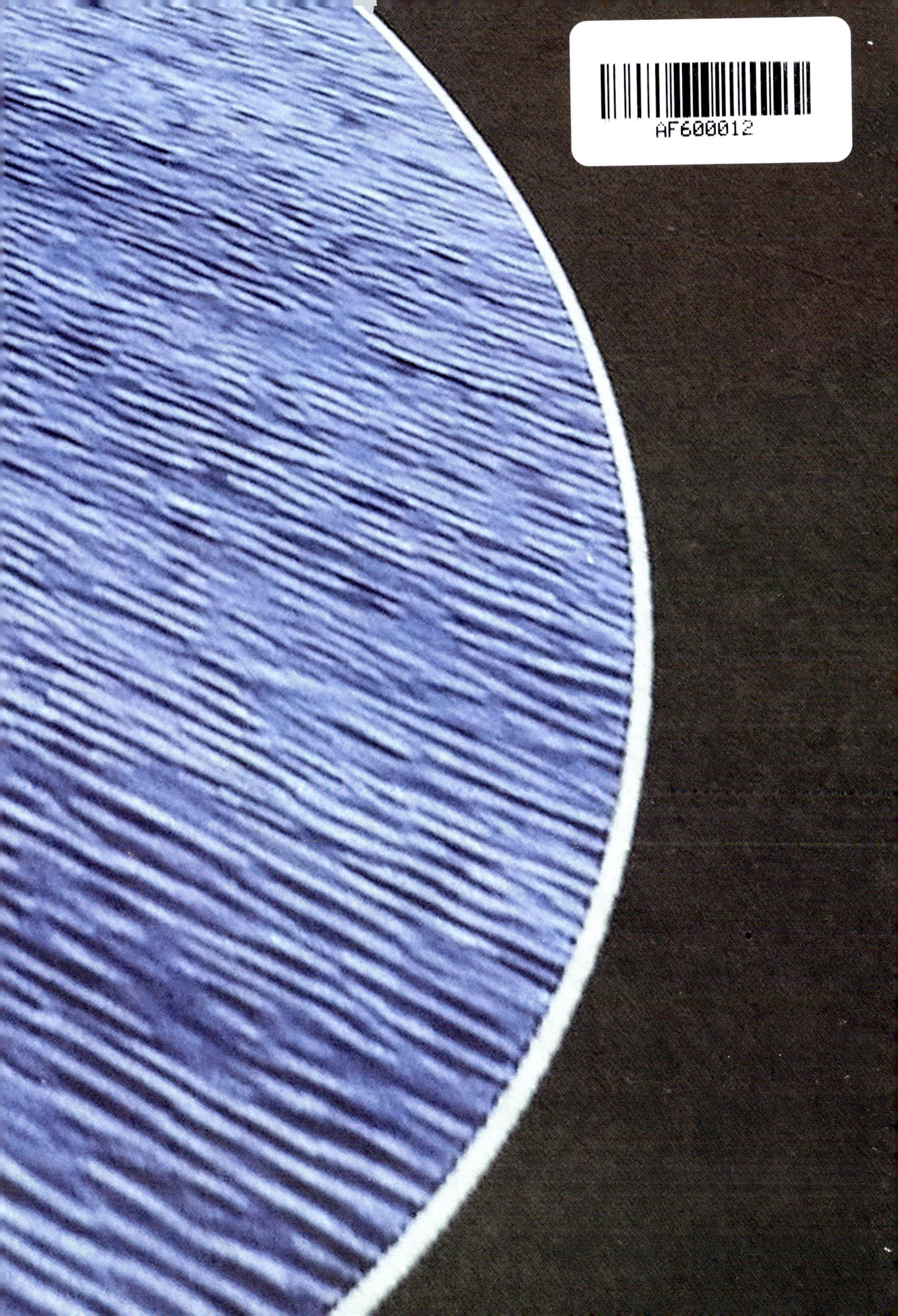

Estas ruinas que (no) ves son una promesa.

Jorge Conde

5 de septiembre de 2023
3 de diciembre de 2023

Tomasa Hernández Martín
Consejera de Presidencia, Interior y Cultura

Pedro Olloqui Burillo
Director General de Cultura

Laura Asín Martínez
Jefa de Servicio de Archivos, Museos y Bibliotecas

Susana Spadoni Márquez
Directora honorífica del IAACC Pablo Serrano

Julio Ramón Sanz
Director del IAACC Pablo Serrano

EXPOSICIÓN

Organiza y produce
Gobierno de Aragón

Comisariado
Jorge Conde

Coordinación
IAACC Pablo Serrano

Diseño gráfico
12caracteres

Transporte
Queroche, S.L.
Enmarcaciones Robert

Montaje
Queroche, S.L.

Montaje audiovisual
Queroche, S.L.
David Rodríguez

Producción Gráfica
Pulsar Soluciones Gráficas

Seguro
AON Gil y Carvajal

Proyecto realizado con la colaboración de
Ministerio de Cultura y Deporte
Real Academia de España en Roma
Ministerio de Exteriores + AECID + Cooperación Española
VEGAP

Patrocinado por
THE MO

CATALOGO

Edición
Gobierno de Aragón

Coordinación
IAACC Pablo Serrano

Textos
David Armengol
Jorge Conde

Traducción
Judith Wilcock
Deirdre B. Jerry
Jorge Conde

Diseño y maquetación
12caracteres

Fotografía
Jorge Conde
Gonzalo Bullón

Impresión
La Imprenta,
Comunicación Gráfica

ISBN
978-84-8380-490-2

D. L.
Z 1817-2023

ESTAS
RUINAS
QUE
NO VES
SON
UNA
PROMESA

JORGE CONDE

The Mo
MIAMI - MADRID - ZARAGOZA

VeGaP

GOBIERNO DE ESPAÑA
MINISTERIO DE CULTURA Y DEPORTE

Museos Estatales
Dirección General de Patrimonio Cultural y Bellas Artes

Real Academia de España en Roma

150
AÑOS DE INNOVACIÓN Y CREACIÓN CULTURAL
1873—2023

MINISTERIO DE ASUNTOS EXTERIORES, UNIÓN EUROPEA Y COOPERACIÓN

aecid

Cooperación Española

IAACC
PABLO SERRANO
Instituto Aragonés de Arte y Cultura Contemporáneos

GOBIERNO DE ARAGON

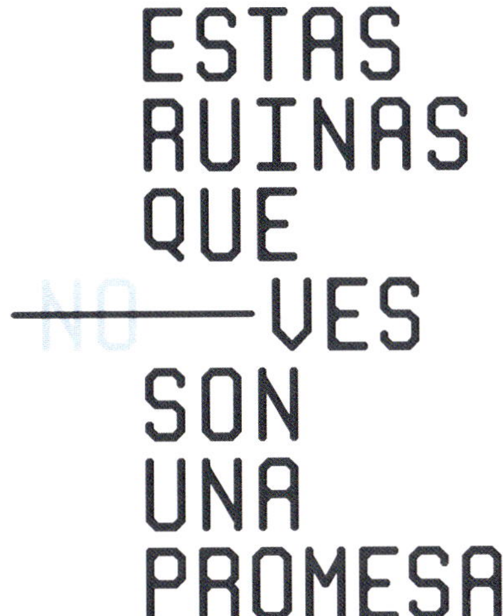

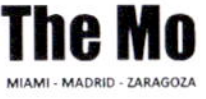

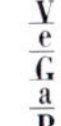

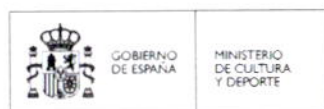

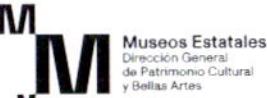

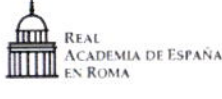

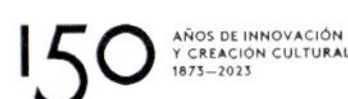

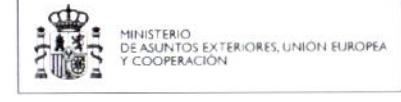

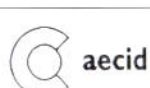

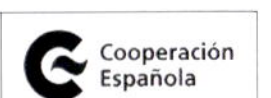

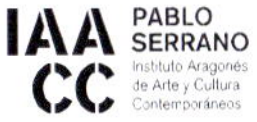

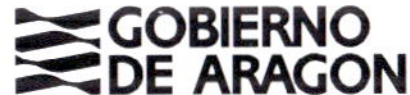

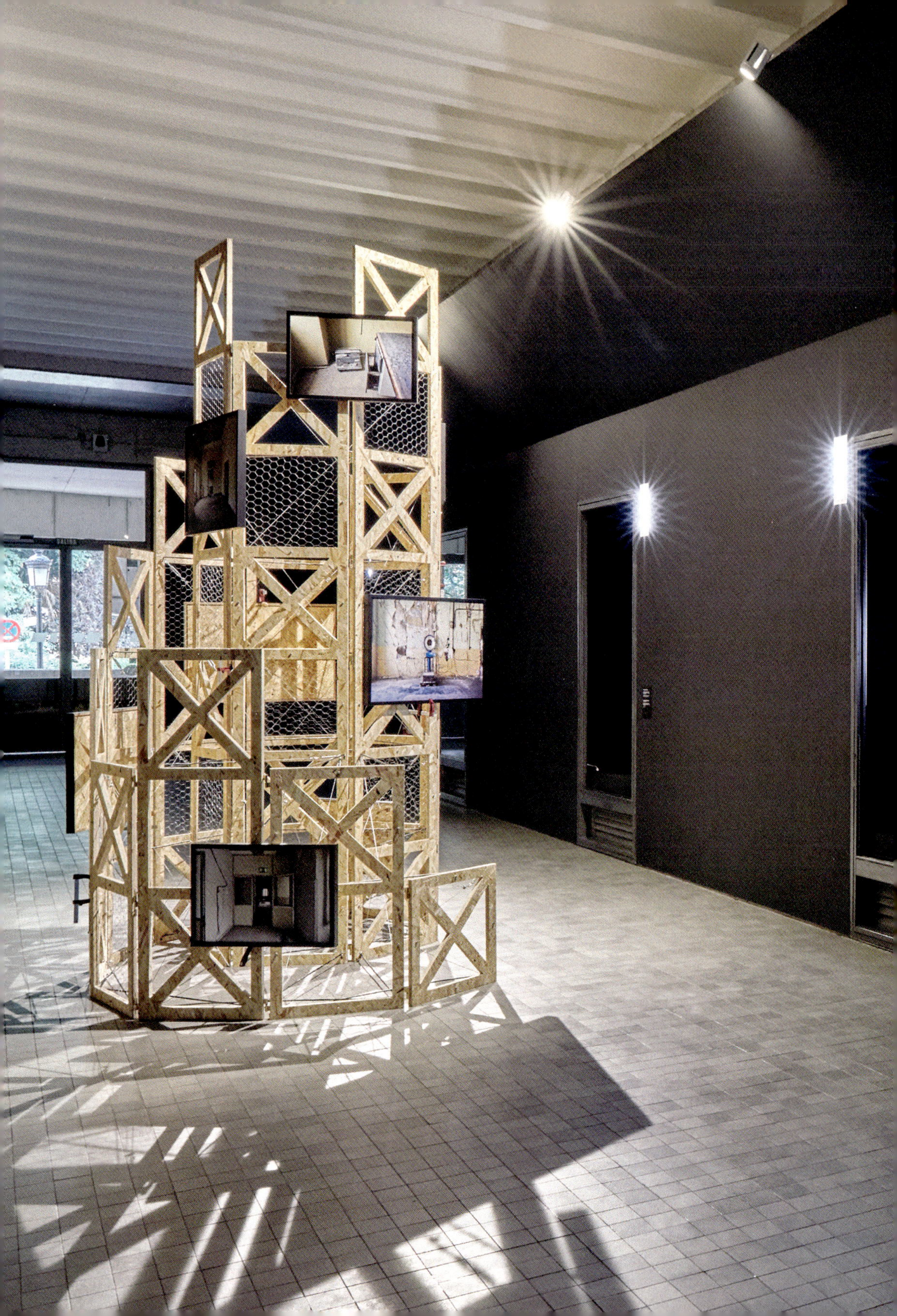

5 SEP - 3 DIC
2023

SALA PÓRTICO
SALA 94

JORGE CONDE

ESTAS
RUINAS
QUE
~~NO~~ VES
SON
UNA
PROMESA

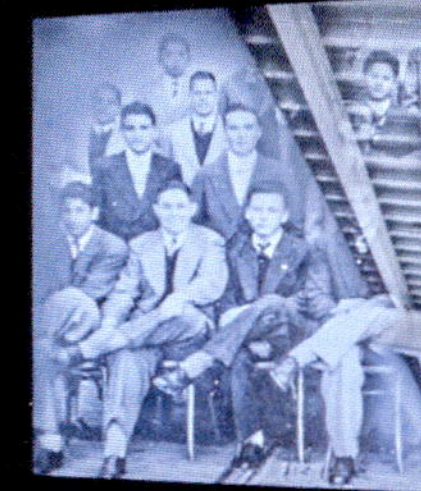

RUINAS Y PROMESAS

David Armengol

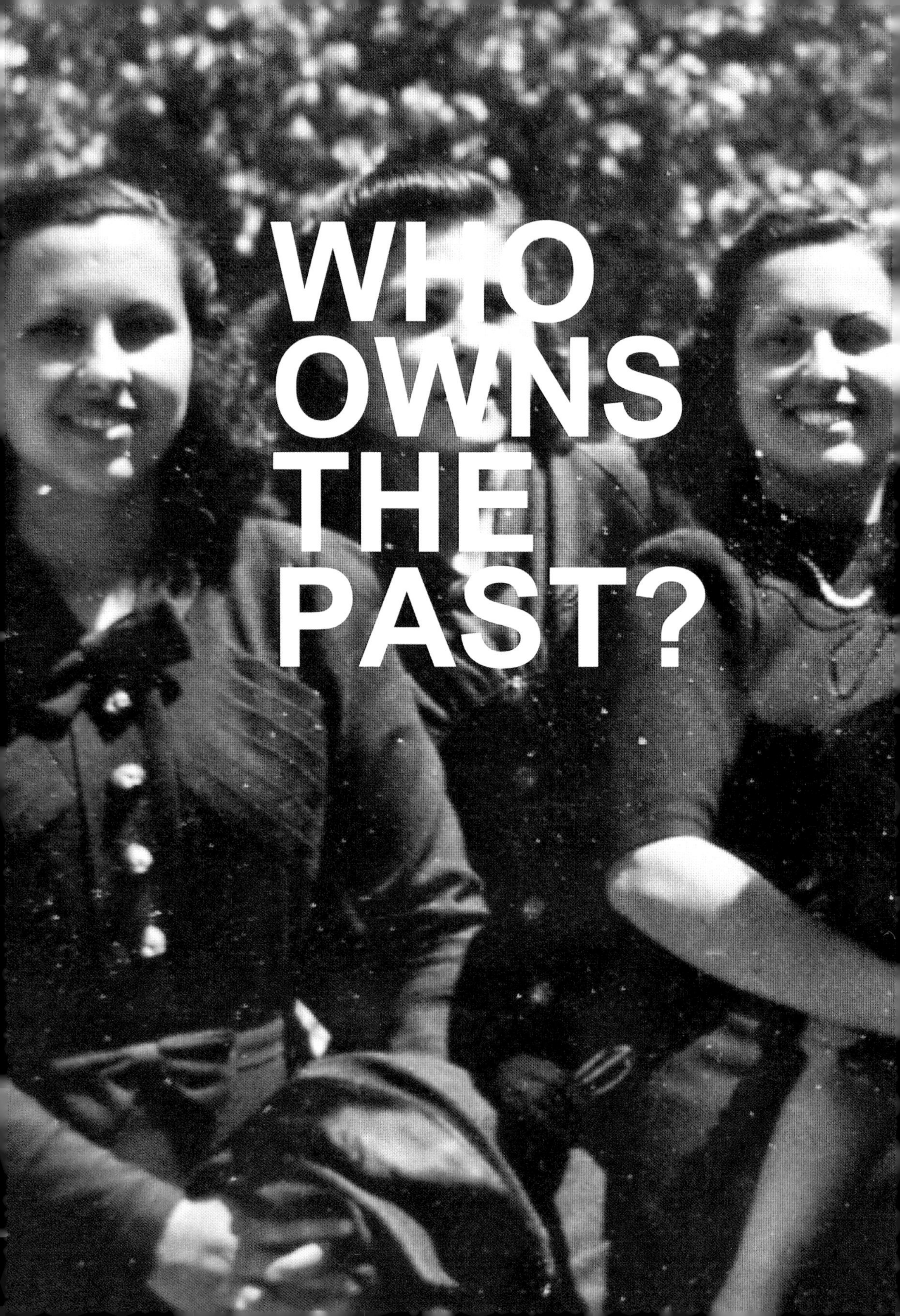

WHO OWNS THE PAST?

Tomo un café en el bar del Centro Cívico de La Sedeta, en Barcelona. Situado en el Districte de Gràcia, y más específicamente en el barrio de Camp d'en Grassot, dicho establecimiento –amplio, luminoso, con zona de billares y ajedrez, como de otra época– se ubica en el antiguo recinto rehabilitado de una importante fábrica textil reconvertida, ya desde los años ochenta del siglo pasado, en centro sociocultural y educativo. Desde entonces, en La Sedeta conviven un instituto de educación secundaria, una escuela de primaria y dicho centro cívico. El edificio, de ladrillo rojizo y aire británico, resulta precioso en un entorno urbano dominado por bloques de viviendas más altos e impersonales. Ante la verticalidad de estos edificios, La Sedeta dialoga, más bien, desde lo horizontal. Es cierto que el instituto es alto, pero el resto mantiene una altura baja y agradable. Tres niveles con una constante entrada de luz natural. Lamentablemente, el emblema vertical de la fábrica, es decir, su chimenea, fue destruida en 1976.

Apuro mi café y me distraigo mirando las tres fotos antiguas –simples ampliaciones en vinilo– que ilustran un pequeño muro falso cercano a la barra del bar. Por un lado, el conjunto muestra el retrato de grupo de varias de las trabajadoras de la fábrica: una reivindicación histórica y feminista a la par, puesto que La Sedeta tuvo una plantilla femenina estable y sólida durante su historia (eso sí, con sueldos inferiores a sus compañeros). Por el otro, dos imágenes con los telares industriales que ocupaban la planta baja en la que ahora estoy. Al lado, unos párrafos explicativos nos presentan a las cuatro trabajadoras retratadas –Juanita, Fina, Ramona y Leonor– y nos sitúan en el funcionamiento de las máquinas. De manera discreta, la memoria del lugar se manifiesta, significando su presente, aunque los usos del espacio hayan transitado de lo industrial a lo ocioso y lo educativo.

Desde mi mesa, observo en silencio todo aquello que me rodea: el amplio espacio del bar, con su altillo y sus escaleras, su porche exterior con mesas de terraza donde algunas madres y padres desayunan tras dejar a sus hijos o hijas en la escuela. Es temprano, apenas las nueve y cuarto, y un par de personas mayores empiezan una amistosa partida de billar a tres bandas. Hoy hay inscripciones a los cursos del centro cívico, situado encima del bar, y la gente hace cola en la plaza para apuntarse. El sol entra cálido por los ventanales. Sin grandilocuencias, sin prisas, todo va sucediendo bajo unos tiempos ajenos a la fábrica original. En el día a día del bar de La Sedeta, nadie repara demasiado en ese plafón dedicado a su pasado industrial, pero ahí está. Y, en realidad, todo el mundo lo sabe.

Llevo varios meses pensando en *Estas ruinas que (no) ves son una promesa* de Jorge Conde (Barcelona, 1968), una propuesta expositiva que, más que un proyecto específico es una dinámica de investigación en sí misma, incluso una forma de mirar por parte de un artista que centra su trabajo en la exploración exhaustiva de la ciudad contemporánea. Pero justo hoy, tomando ese café, me ha asaltado –y me ha conmovido– toda la intensidad de su práctica artística. Me refiero a algo más visceral que metódico, más intuitivo que razonado. Quizás, sin pretenderlo, he sentido de manera más íntima el ejercicio constante de activismo artístico que define su trayectoria artística en general, o su ya larga dedicación a este proyecto en particular.

UNA PROPUESTA EXPOSITIVA QUE, MÁS QUE UN PROYECTO ESPECÍFICO ES UNA DINÁMICA DE INVESTIGACIÓN EN SÍ MISMA, INCLUSO UNA FORMA DE MIRAR POR PARTE DE UN ARTISTA QUE CENTRA SU TRABAJO EN LA EXPLORACIÓN EXHAUSTIVA DE LA CIUDAD CONTEMPORÁNEA.

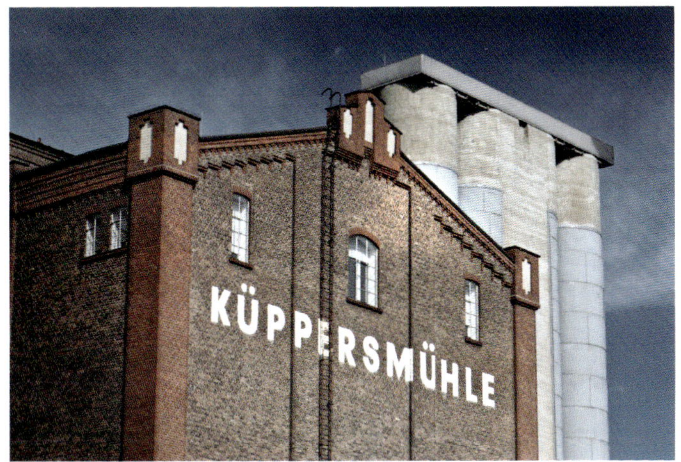

Museum Küppersmühle, 2022.
Duisburgo, Alemania /
Duisburg, Germany.
C-Print. 67 x 100 cm.

Jorge Conde es un artista, un fotógrafo, alguien que piensa y narra en imágenes, pero la esencia de su condición es claramente política. Pese a la precisión estética de sus imágenes, e incluso a la belleza que destilan, la construcción ideológica y conceptual de su obra abre un sinfín de interrogantes vinculados tanto a la memoria industrial de la ciudad europea occidental como a los posibles usos y funciones que las políticas culturales promueven, con mayor o menor fortuna, para dichos lugares una vez han quedado obsoletos. Así, la promesa cultural que reza el título –esa posible nueva vida de la ruina– funciona en su imaginario visual como un arma de doble filo. A medio camino entre la fotografía documental y la especulación narrativa de carácter subjetivo, poético, sus obras analizan la recuperación cultural de gran parte del patrimonio industrial de la ciudad europea. Ahora bien, no se trata de un gesto de elogio, sino de crítica: esas mismas operaciones urbanísticas manifiestan toda una serie de problemáticas de orden social. La lista es larga y preocupante: gentrificación, especulación urbanística, *guetificación*, pérdida de identidad urbana, desigualdad social, masificación turística... y es ahí donde surge la gran pregunta que sintetiza su trabajo. *Who Owns the Past?*, frase clave y protagonista de algunas de sus obras. Una frase que aparece sobrescrita en las imágenes. ¿A quién pertenece ese pasado? Dicho de otro modo, ¿quiénes son ahora los usuarios del lugar?

Conocí a Jorge Conde en 2020, cuando nuestros trabajos coincidieron en las salas de Tabacalera, la Antigua Fábrica de Tabacos de Madrid, un edificio absolutamente ligado a sus líneas de investigación, puesto que el recinto fabril lleva ya años intentando reconvertirse en un gran espacio para la cultura. Por su parte, él presentaba la primera muestra expositiva de *Estas ruinas que (no) ves son una promesa* en La Fragua, el espacio que Tabacalera Promoción del Arte destina a proyectos de carácter *site-specific*, y en la Sala Estudios, una serie de espacios de la antigua fábrica menos adaptados a sus funciones como centro cultural que incluía zonas más atípicas y sugerentes como los antiguos lavabos y duchas de la fábrica. Por la mía, me habían invitado a comisariar una exposición conmemorativa de los 35 años de Injuve, el histórico certamen de arte joven nacido en los años ochenta, pionero en el apoyo institucional al arte emergente en España. De modos distintos, ambos necesitábamos dialogar de la mejor manera posible con un edifico complejo, enorme, disperso y capaz de desdibujar la intensidad de cualquier pieza debido a la gran fuerza de su arquitectura y su pasado. No obstante, he de decir que las decisiones espaciales que Jorge escogió para su exposición me parecieron magníficas.

De hecho, la puesta en escena que el artista presentó en Tabacalera –recorridos inmersivos, acumulación y expansión de las imágenes, guiños directos a la propia arquitectura a través de juegos de perspectiva e ilusiones ópticas– es la misma que ahora aplica en el Instituto Aragonés de Arte y Cultura Contemporáneos (IAACC) Pablo Serrano de Zaragoza. Y en esta nueva vida de la exposición, de manera indirecta, vuelve a resurgir el pasado industrial del edificio original del centro, ejemplo de la arquitectura industrial aragonesa de principios del siglo XX, y originalmente sede de los talleres de oficios del antiguo Hogar Pignatelli, orfanato crucial en la historia social de la ciudad. El edificio del Instituto ha generado diversas ampliaciones arquitectónicas a lo largo de su historia, significándose en la ciudad más bien a través de una arquitectura vistosa y postmoderna que crece en altura mediante el uso del hormigón armado, y que suma además un cromatismo particular a través de sus acabados metálicos. Aun así, el IAACC convive diariamente con su pasado, con su memoria, y de eso trata el trabajo de Jorge Conde.

Llegados a este punto, me gustaría desgranar, una por una, las potencias que definen su práctica artística, todas ellas presentes en *Estas ruinas que (no) ves son una promesa*. Nos hallamos ante una obra compleja y rica, donde la imagen –no podemos olvidar que, ante todo, Jorge Conde es fotógrafo– se nutre de una serie de activos escénicos y discursivos que sitúan su trabajo más allá de la imagen. El artista incorpora en sus exposiciones una serie de dispositivos multimedia, donde las imágenes se entremezclan y conviven con otros registros como el vídeo, el texto o el sonido, dando lugar a experiencias más inmersivas y sensoriales que estrictamente documentales.

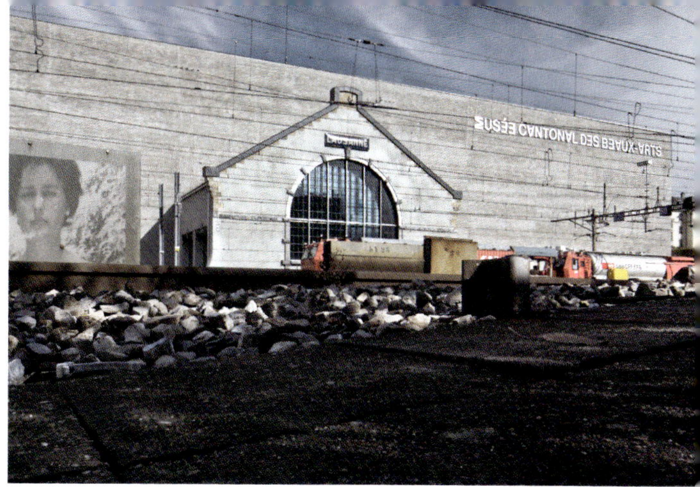

Musée Cantonal des Beaux Arts, 2020.
Lausana, Suiza / *Lausanne, Switzerland.*
C-Print. 67 x 100 cm.

LARGO RECORRIDO

La primera cosa que me impresiona en la obra de Jorge Conde es el tiempo de dedicación a sus proyectos. Cuando leo que lleva más de doce años trabajando en *Estas ruinas que (no) ves son una promesa* no puedo más que admirar esa tenacidad y obstinación. Un tiempo expandido que define unos procesos de investigación muy asentados. Durante estos años, el artista ha fotografiado centenares de instituciones culturales ubicadas en edificios de herencia industrial en más de 70 ciudades correspondientes a 17 países de Europa. Se dice pronto, pero estamos hablando de Alemania, Austria, Bélgica, Croacia, Dinamarca, España, Francia, Holanda, Irlanda, Islandia, Italia, Malta, Portugal, Reino Unido, República Checa, Suecia y Suiza. Esto refleja un método de estudio paciente, consciente del rol que el tiempo y la experiencia directa juega en su trabajo. El artista viaja, recorre los lugares y refleja aquello que le interesa desde lo vivido y lo sentido. El largo recorrido transmite también una voluntad de orden antropológico, o más bien sociológico. Conde conoce, de primera mano, los entornos urbanos que aparecen en las imágenes, y esto le permite incluir ciertos elementos testimoniales y sonoros en sus instalaciones, como por ejemplo grabaciones de campo con sonido ambiente de los lugares. En su caso, diría que el apunte sociológico se dirige más a la propia arquitectura que a sus usuarios. Y esto se me antoja como una especie de animismo urbano, casi como si el artista, en su discreción, en su respeto por la memoria del lugar, fuera capaz de hablar con los edificios, fuera capaz de recabar información sensible ajena a la condición humana. Disculpad la fantasía, pero diría que hay algo de esto en su modo de releer la arquitectura.

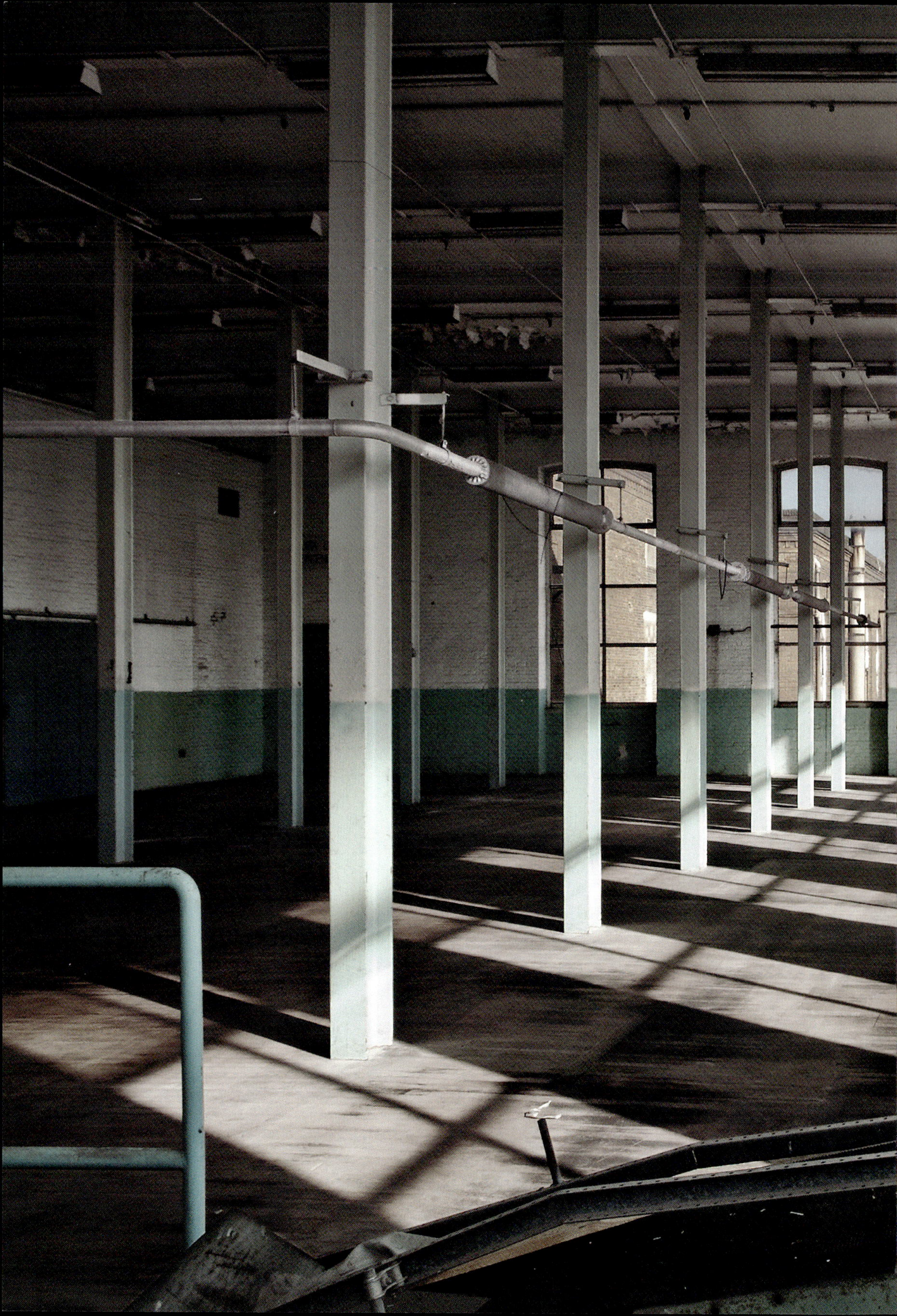

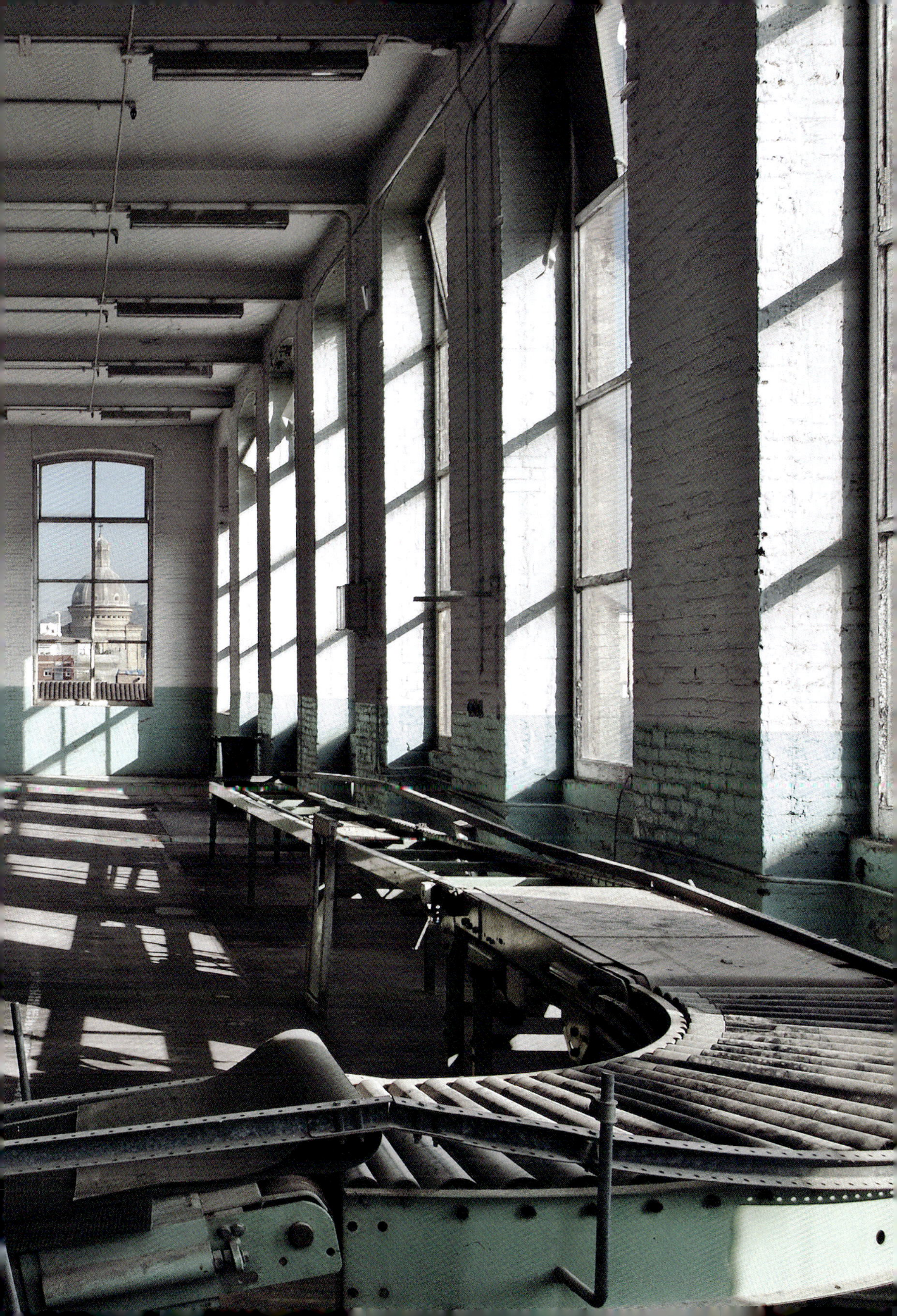

PAISAJE Y CIUDAD

Si bien la temática central de *Estas ruinas que (no) ves son una promesa* se sitúa en la pervivencia de la arquitectura industrial y su reconversión en espacios para la cultura promovidas por la ciudad postindustrial globalizada, el canal de transmisión de la narrativa visual de Jorge Conde es claro y conciso: el paisaje urbano o periurbano.

Existe en su obra un primer impulso de carácter documental: un deseo de objetividad testimonial que le lleva al registro exhaustivo de aquellos edificios industriales que han desdibujado sus funciones productivas genuinas para adaptarse a otros usos, y por tanto a otras realidades urbanas, socioeconómicas y políticas. No obstante, y más allá de esa fotografía documental, Conde apuesta por unas imágenes sofisticadas, dotadas de la capacidad simbólica y emocional de reflejar tanto lo que son actualmente esos espacios como lo que fueron en su origen. En este sentido, una idea de transición, hibridación o límite entre tiempos antagónicos que se retroalimentan entre sí parece cruzar toda su obra; una extraña latencia entre lo que fue pasado, lo que es presente y lo que será futuro. Esa es la premisa que define los paisajes de Jorge Conde: un lugar en suspensión, atrapado –o liberado– mediante la superposición de capas de tiempo.

Y, según escribo sobre el trabajo de Jorge Conde, no puedo dejar de pensar en el proyecto de otro artista especialmente interesado en el reconocimiento del paisaje urbano contemporáneo a través de la exploración de sus tiempos. Me refiero a Jorge Yeregui (Santander, 1976), y en concreto a su exposición *Acta de Replanteo*, también presentada en La Fragua de Tabacalera en 2016. De un modo similar, la fotografía de Yeregui analiza la presencia de la ruina contemporánea, pero, a diferencia de Conde, en su caso no hay ningún atisbo de promesa. No hay segunda vida, tan siquiera una primera. Yeregui se centra en la arquitectura fallida, en el fracaso de aquellas construcciones abandonadas

< Fabra i Coats, 2012. Barcelona, España / *Barcelona, Spain.* C-Print. 53 x 80 cm.

a medias, antes de existir, debido a las crisis financieras e inmobiliarias en España. En realidad, un desastre urbanístico que ha poblado todo nuestro país de lugares fantasmas, sin memoria, sin identidad y sin posibilidad de futuro.

Pese a los diferentes matices que caracterizan sus paisajes, mi sensación es que, entre Conde y Yeregui, destacan más sus afinidades. Ambos basan su trabajo en la experiencia directa en el lugar, y ambos documentan su paso por allí mediante registros que van más allá de la imagen. Quizás, Yeregui resulta más performativo, y Conde más lírico, más literario. El primero recorre los espacios, tratando de señalar el momento preciso en que aquellas arquitecturas fueron abandonadas; el segundo fantasea con aquello que, supuestamente, permanece en unas arquitecturas forzadas a ser otra cosa. Lo que me resulta más fascinante en la obra de ambos artistas es precisamente la capacidad especulativa que, de un modo u otro, son capaces de ofrecer desde una temática tan estandarizada como el paisaje urbano.

Pinacoteca Agnelli, 2018. Turin, Italia / *Turin, Italy*. C-Print. 67 x 100 cm.

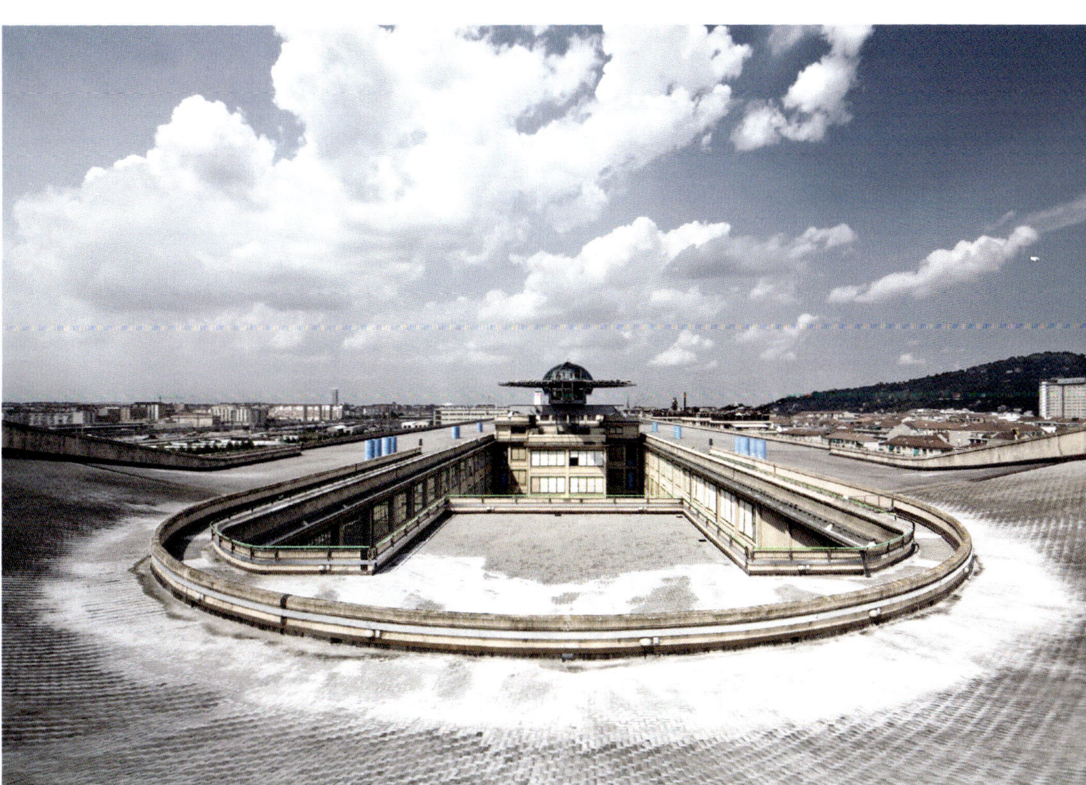

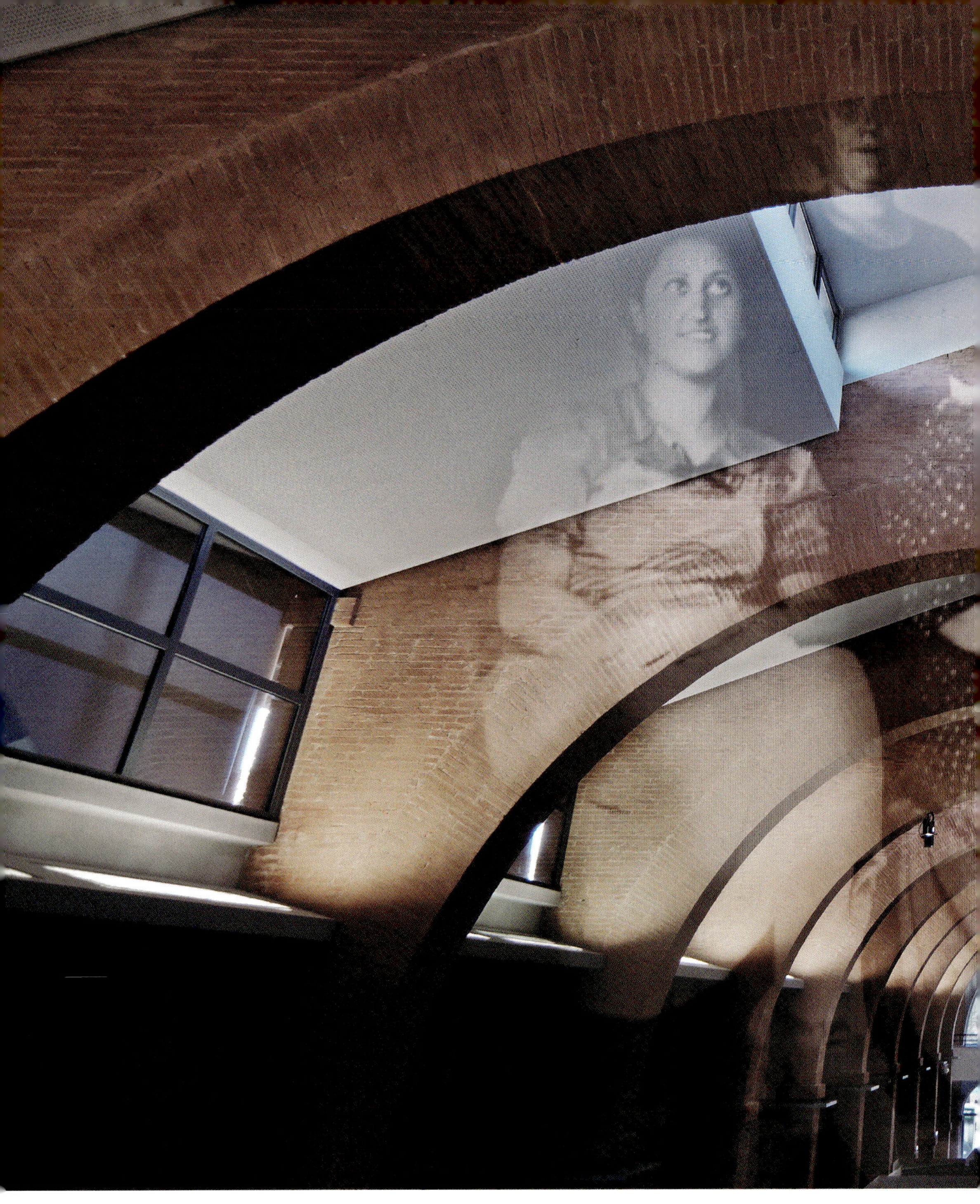

Les Abattoirs, 2020. Toulouse, Francia / *Toulouse, France*. Caja de luz / *Lightbox*. 56 x 100 x 6 cm.

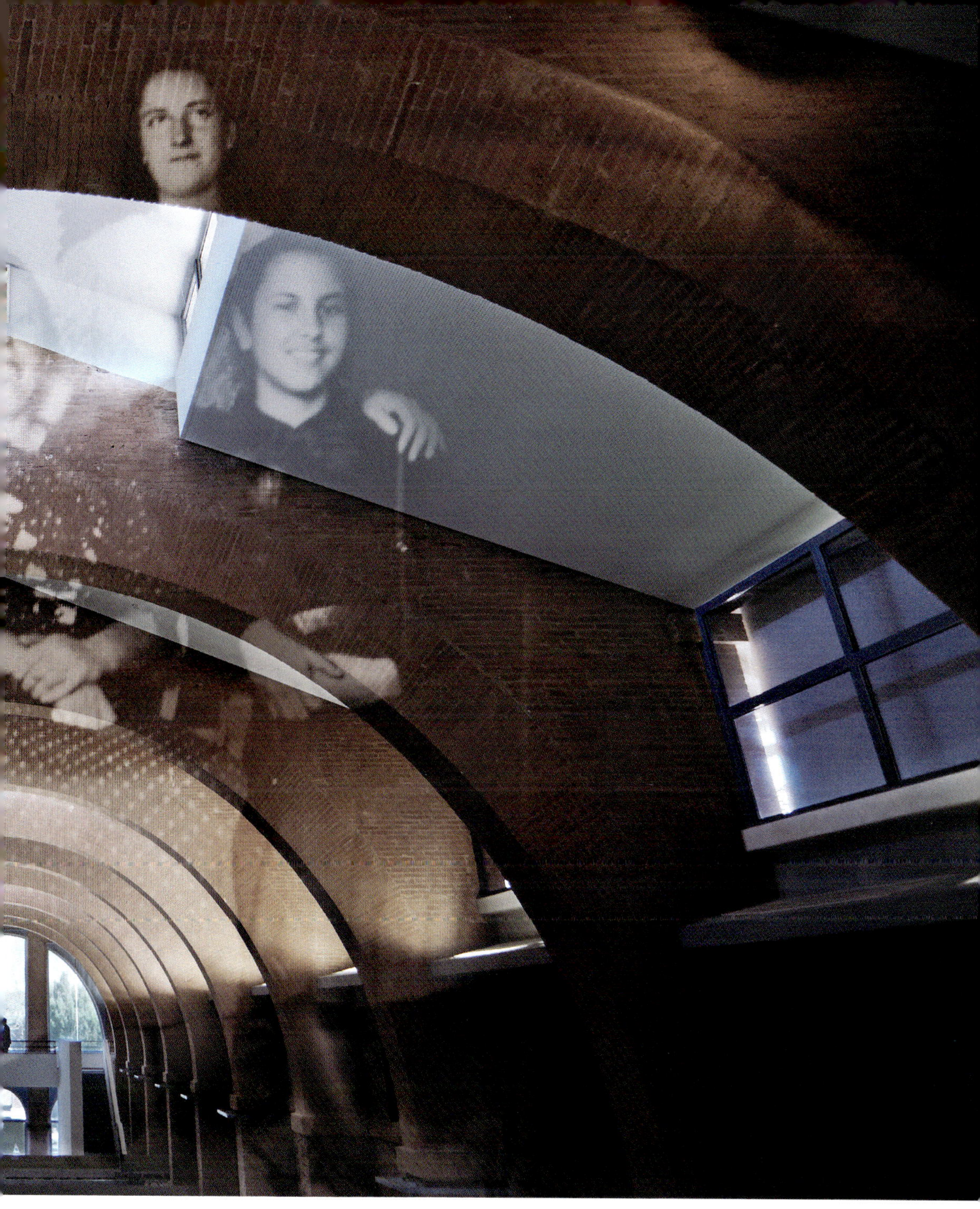

EXPERIENCIA IN- MERSIVA

Existe una dualidad crucial en toda la obra de Jorge Conde, un juego de contrarios que deviene eje principal en su modo de entender la fotografía. Se trata de ese diálogo constante entre un ejercicio de representación objetiva (retratar la arquitectura) y una relectura de voluntad subjetiva, casi ficcional (especular con la memoria del edificio). De este modo, el artista nos ofrece un cuerpo de imágenes que, si bien documenta con rigor el tránsito del patrimonio industrial a la función cultural, también nos invita a fantasear con los distintos tiempos de vida que convergen en el presente de dichos lugares. La objetividad inicial del documento abre paso a la poética del relato.

Conde pone en juego un lenguaje instalativo, donde la fotografía convive con otros registros complementarios para ofrecer una experiencia de carácter inmersivo. La recepción de su trabajo no genera distancias con el público, sino que potencia la proximidad y la complicidad a través de lo sensorial y lo empático. No miramos e interpretamos desde fuera, sino desde dentro, sintiéndonos partícipes del relato, sintiéndonos integrados, formando parte de él. Para ello, el artista despliega distintos recursos, tanto escénicos como discursivos.

En primer lugar, nos encontramos ante un uso muy preciso de la luz, ya sea por la presencia de cajas de luz que intensifican la imagen individual, como por el tratamiento de lo lumínico en sala, apostando por zonas de oscuridad y/o penumbra que suscitan otras sensaciones y relaciones más flexibles con los contenidos. En realidad, quizás parece que el artista huya del "cubo blanco", de la convención de la neutralidad expositiva, ensayando lecturas más dramatizadas e intensas, donde el espacio suma, sin desvanecerse.

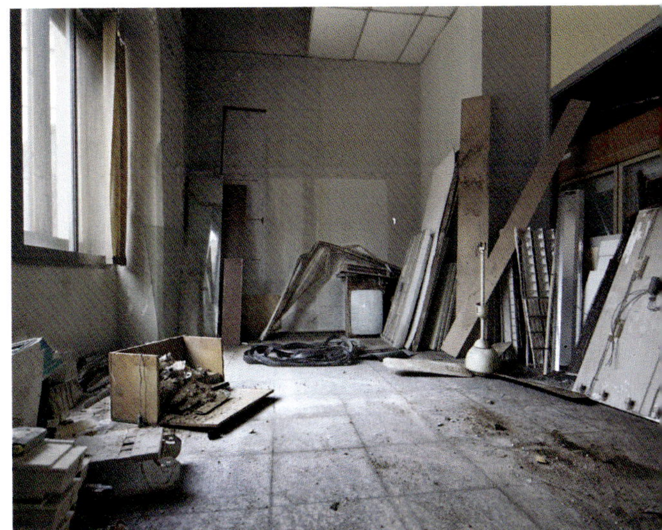

Tabacalera, 2018.
Madrid, España / *Madrid, Spain.*
C-Print. 67 x 100 cm.

Una vez dentro del espacio, su obra pone en relación diversos modos de complementar la imagen. A veces, esto simplemente sucede por acumulación en una zona concreta –por la presentación coral de múltiples fotografías a la vez– pero otras veces tiene que ver con la mezcla de imágenes sobrepuestas en una misma pieza; algo que tiene que ver con el collage digital y que incorpora un juego de *flashbacks* temporales muy sugerentes. Los tiempos de la biografía industrial no solo se intuyen, sino que aparecen reflejados, reivindicados de un modo casi espiritual. Me refiero por ejemplo a la incorporación de fotografías de época donde vemos a las personas que trabajaban en la fábrica proyectadas sobre el presente de las arquitecturas. Una narrativa visual sugestiva que se aleja del documento al uso para acercase, más bien, a una suerte de realismo mágico.

Además, la experiencia inmersiva de la obra de Jorge Conde se manifiesta también en la presencia del vídeo, el texto y el sonido; registros de temporalidad –el visionado, la lectura y la escucha– que favorecen unas aproximaciones más sensibles y próximas a las propias vivencias del artista en el lugar. En ocasiones, Conde utiliza textos sobre las propias imágenes, lanzando mensajes de reivindicación de la memoria histórica desde un lenguaje derivado del diseño gráfico o la publicidad; en otras, incorpora trabajos videográficos donde la banda sonora surge de grabaciones de campo tomadas directamente en los entornos urbanos que analiza. Sonidos ambientales que evocan los lugares bajo la premisa, más poética que testimonial, de transportarnos allí a través de la experiencia expositiva.

NO MIRAMOS E INTERPRETAMOS DESDE FUERA, SINO DESDE DENTRO, SINTIÉNDONOS PARTÍCIPES DEL RELATO, SINTIÉNDONOS INTEGRADOS, FORMANDO PARTE DE ÉL. PARA ELLO, EL ARTISTA DESPLIEGA DISTINTOS RECURSOS, TANTO ESCÉNICOS COMO DISCURSIVOS.

WHO
OWNS
THE
FUTURE?

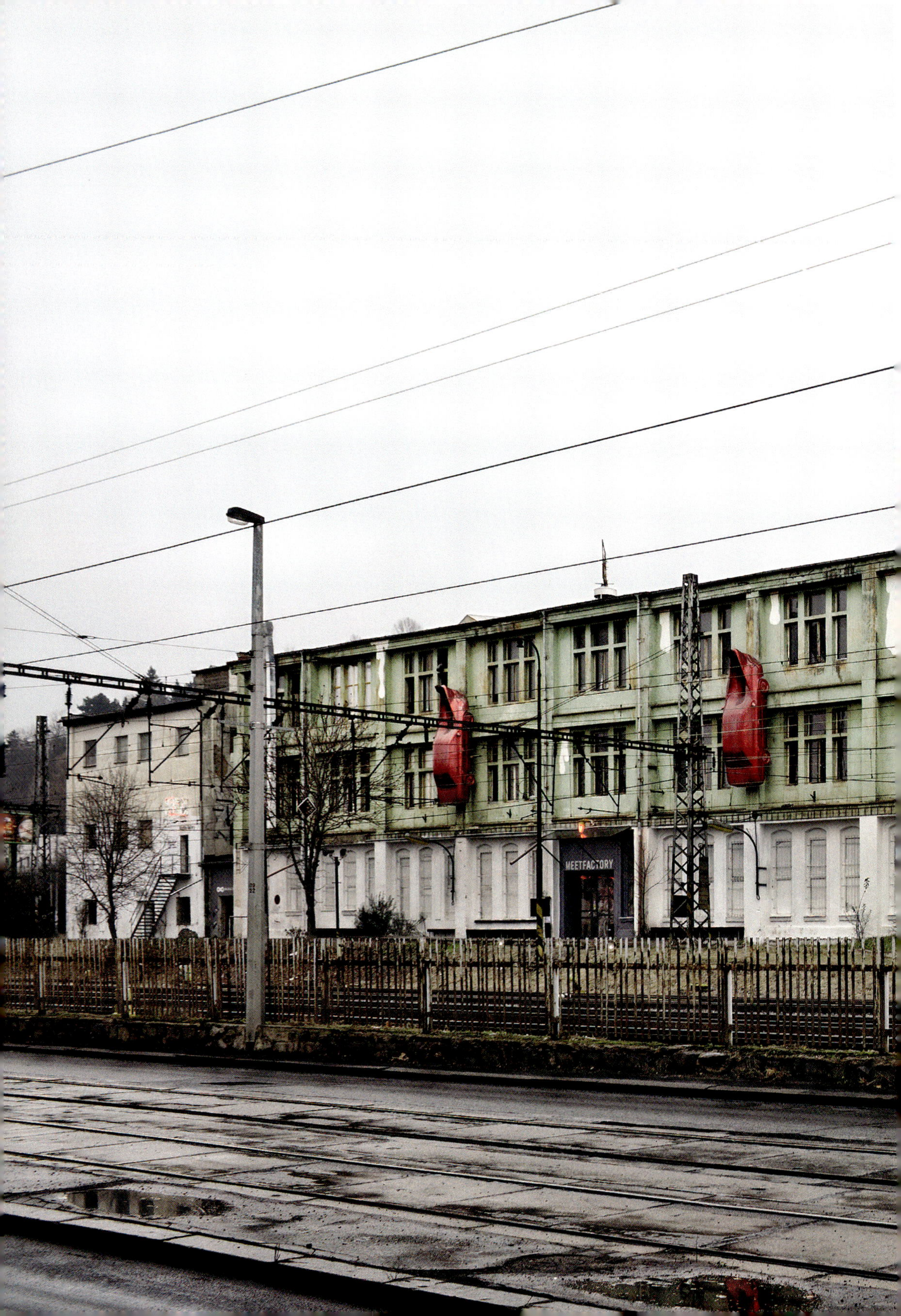
MEETFACTORY

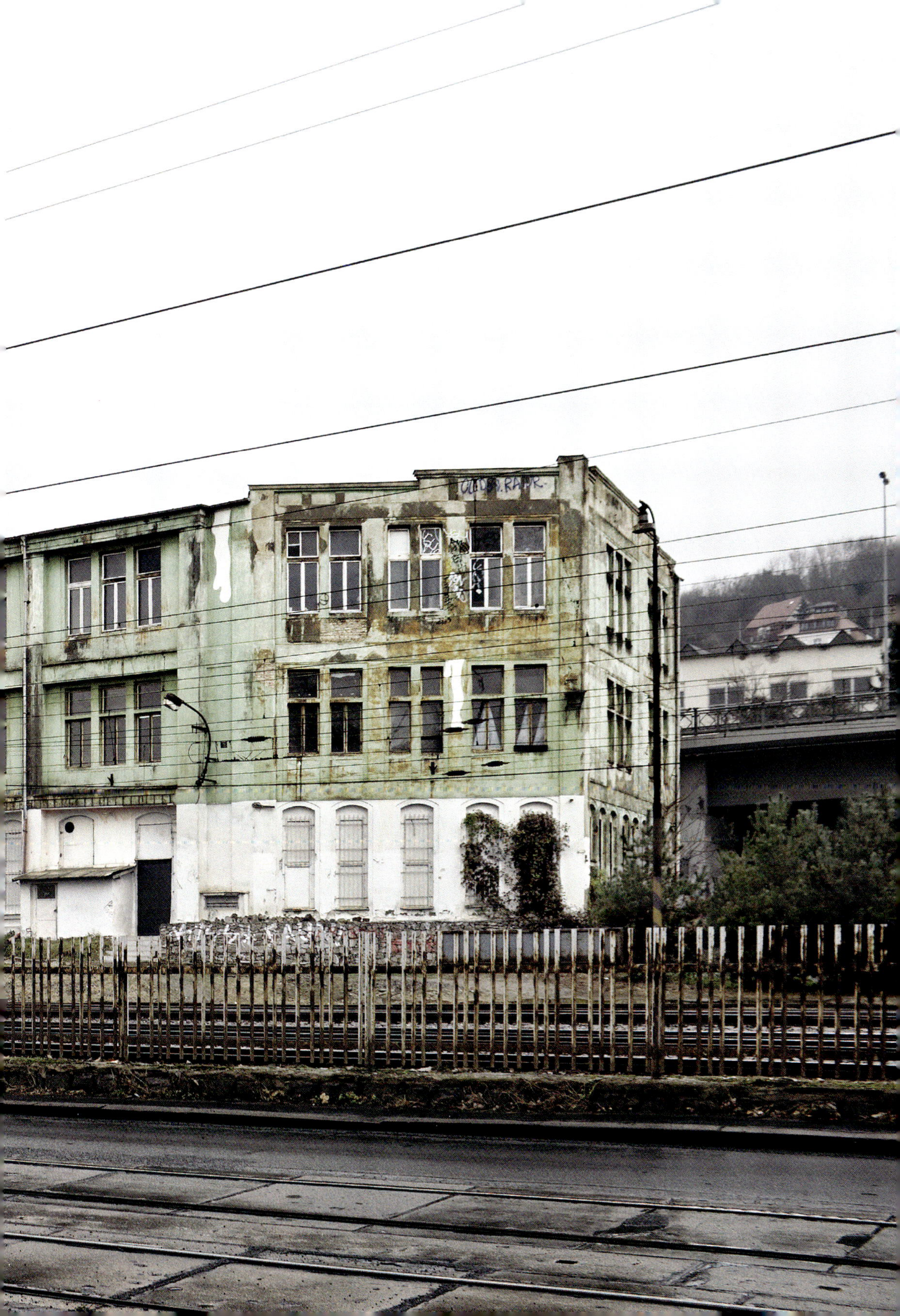

WUNDERKAMMER Y HERENCIA BARROCA

Bajo mi punto de vista, lo primero que llama poderosamente la atención en *Estas ruinas que (no) ves son una promesa* es un despliegue escénico próximo a lo que solemos llamar las cámaras de maravillas o gabinetes de curiosidades: las *Wunderkammer* de la cultura germánica, un concepto que Jorge Conde utiliza directamente para titular algunas de sus series fotográficas. El artista decide forrar las paredes de fotografías de diferentes tamaños, casi desde el suelo hasta el techo, apostando por un archivo expandido donde conviven edificios, instituciones culturales, ciudades y países dispares.

El *display* expositivo prioriza el conjunto por encima de la lectura individual de la imagen, reflejando también las constantes metodológicas del artista: fotografiar el presente de aquellos edificios industriales que han renacido bajo la promesa de una nueva vida cultural. No obstante, esto no significa que Conde no esté interesado en el relato específico de cada fotografía. Al contrario, sus imágenes son a su vez una suma de individualidades, y cada uno de sus títulos detalla con precisión la procedencia de cada lugar. Y diría que aquí se suma también una intensa herencia barroca. En este sentido, la concepción del retablo barroco, donde las narrativas se suman y se interrelacionan, perdiendo quizás un relato central a favor de sucesos múltiples, tiene una fuerte presencia en su manera de formalizar. Y esto conecta de nuevo con determinados usos de luz y oscuridad que ya hemos comentado, y también con la presencia de sonidos ambientales complementando las imágenes. Existe por tanto una extraña y precisa espiritualidad en su modo de concebir el espacio expositivo.

MeetFactory, 2014. Praga, República Checa / *Prague, Czech Republic.* C-Print. 67 x 100 cm.

Por último, me gustaría destacar otro detalle de presentación expositiva muy característico y eficaz en la obra de Conde. Se trata de la intensificación de las perspectivas y los puntos de fuga, y en los diálogos entre lo que es imagen y lo que es el propio espacio expositivo. Recuerdo que ese gesto –la imagen que duplica la sensación espacial– me llamó mucho la atención en Tabacalera, y vuelve a estar presente en el IAACC. Pienso por ejemplo en la extensa serie *The Great Wunderkammer - The Time Compressor Room*, central en la exposición, y cómo ahora culmina y cierra el espacio con un juego de dos fotografías de las antiguas naves de Matadero Madrid, generando una continuidad ficticia entre la sala y las imágenes. Así, la ilusión óptica, el límite difuso entro lo que es realidad y lo que no, entre lo que es físico y lo que no, se suma a la experiencia expositiva.

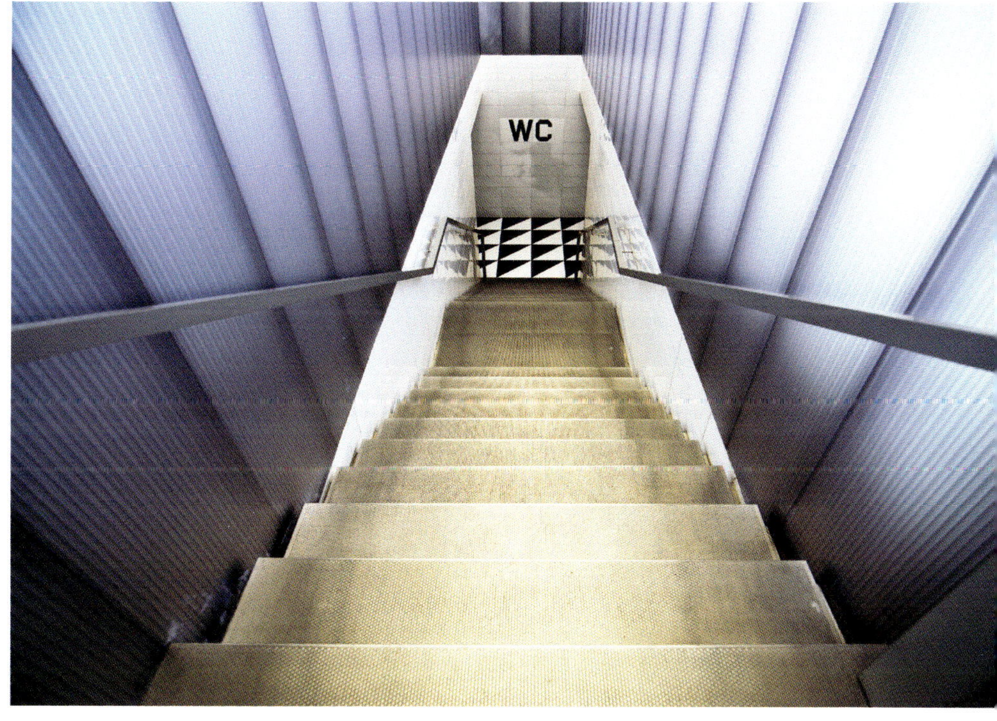

Fondazione Prada, 2018. Milán, Italia / *Milan, Italy.* C-Print. 120 x 180 cm.

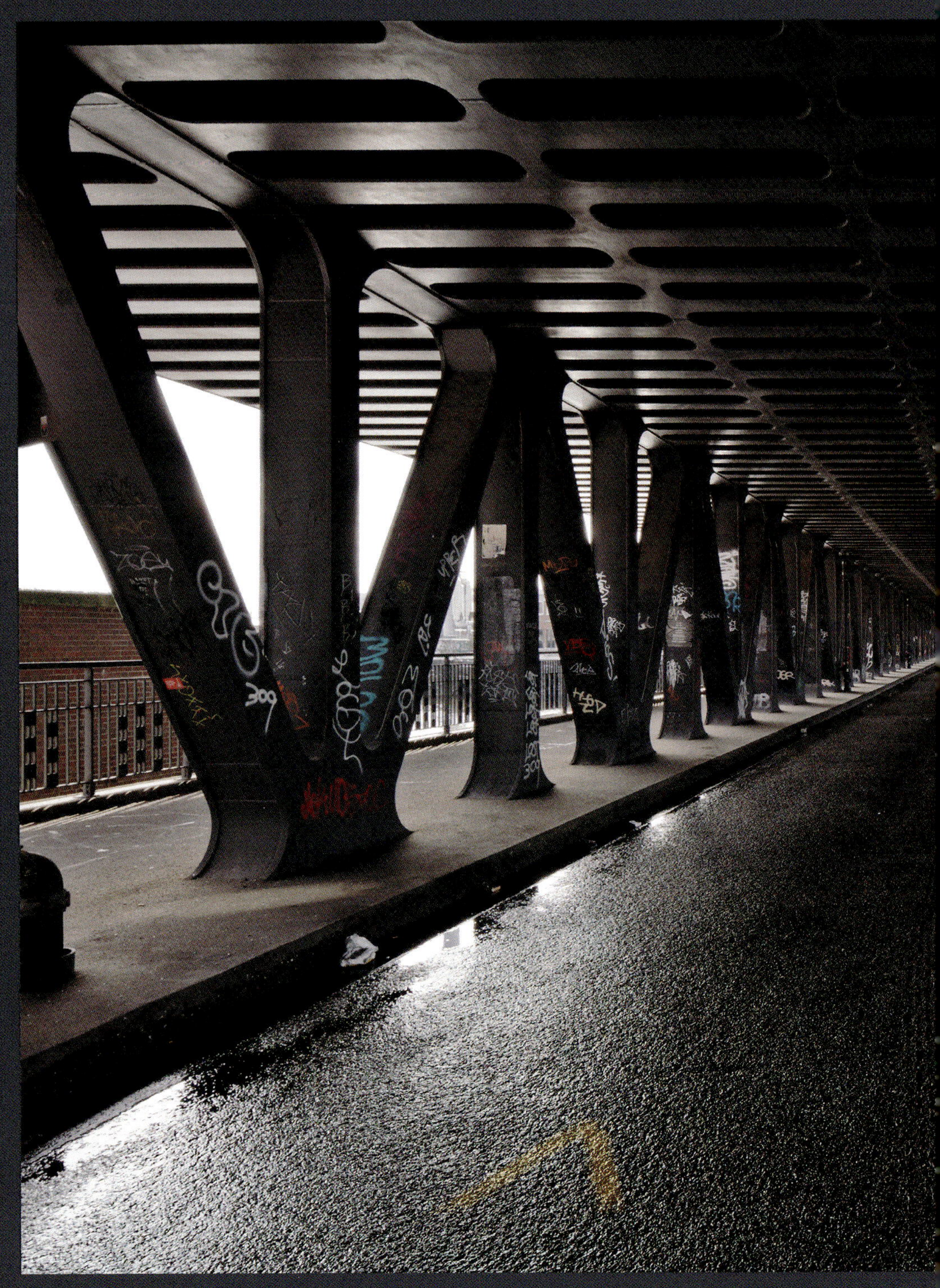

Deichtorhallen, 2018. Hamburgo, Alemania / *Hamburg, Germany*. C-Print. 120 x 180 cm.

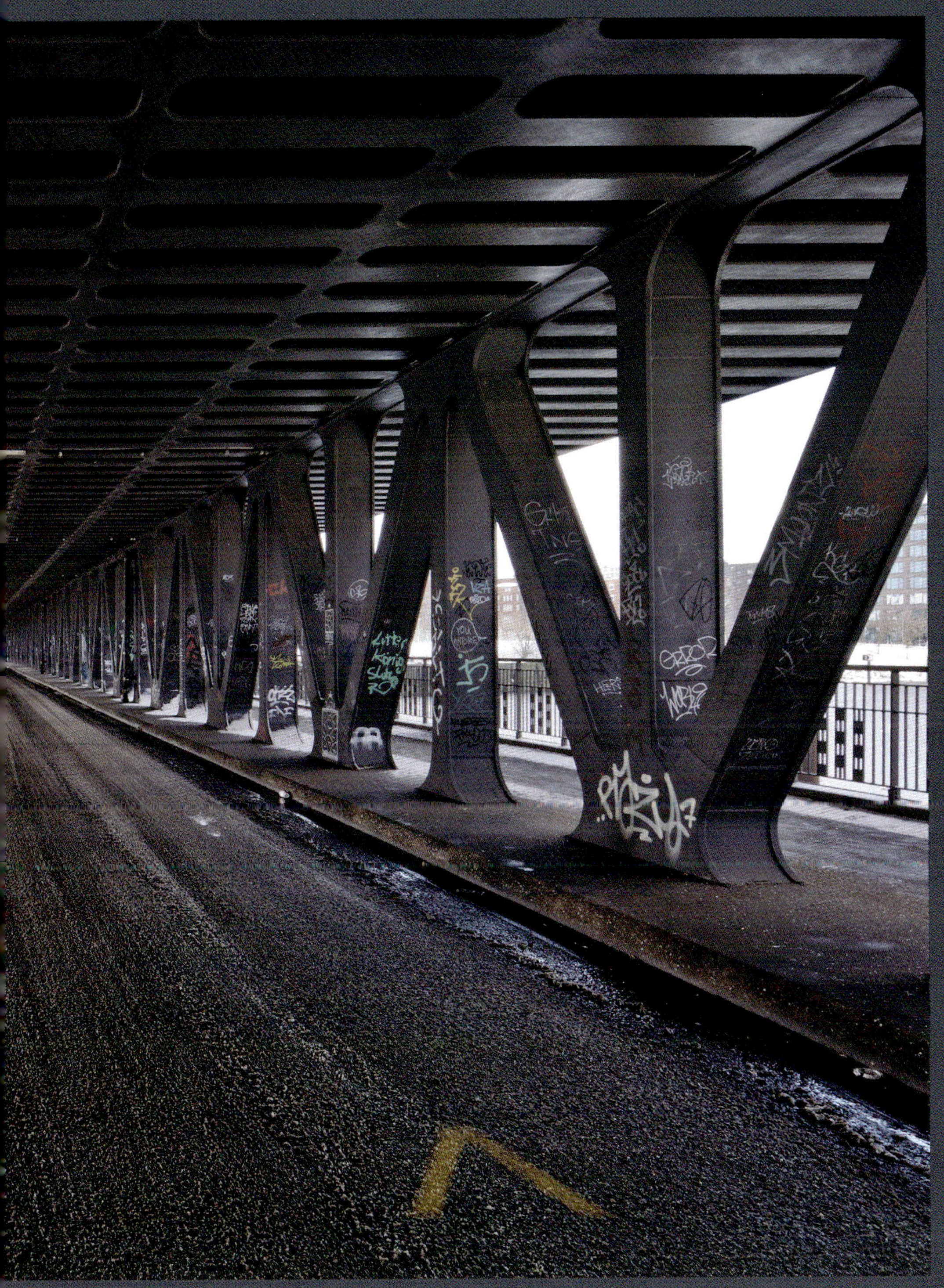

ACTIVISMO Y TESTIMO-NIO POÉTICO

Ya he apuntado con anterioridad que el mensaje central de la obra de Jorge Conde es de orden político. Su modo de investigar y tratar las imágenes ofrece, desde el arte, una puesta en crisis de los modelos imperantes de recuperación del legado industrial para usos culturales definitorios de la ciudad europea contemporánea. Y mientras intento señalar –y reivindicar–, de la mejor manera posible, la militancia activista que define su práctica, me doy cuenta de que la mejor explicación sobre esto ya la ha dado el propio artista.

> Este proyecto propone una reflexión sobre el papel de la institución cultural en la construcción de los relatos históricos, así como en la recuperación de la memoria y el análisis crítico del modelo de desarrollo nacido de la Revolución Industrial y del sistema económico-productivo colonial europeo; un proceso que quizá sea útil tanto para restaurar una cierta memoria como para superar algunas derivadas de la globalización y del modelo neoliberal de hiperconsumo que estamos sufriendo actualmente.

Diría que este párrafo, directo, conciso y escrito en primera persona, sintetiza toda la reflexión crítica que define la obra de Jorge Conde: la memoria industrial, el relato histórico y sus efectos y pervivencias en y desde una sociedad actual basada en otros modelos de producción.

No obstante, y como ya hemos ido comentando, pese a esa posición política fuerte, también existe en la obra de Conde un alto contenido poético. De entrada, no hay más que fijarse en el título de la exposición: "Estas ruinas que (no) ves son una promesa"; una estructura de verso que juega además con el sentido opuesto que genera la negación entre paréntesis. Por tanto, se trata de evidenciar un juego de posibilidades, un relato doble, que muestra y oculta a la vez. En realidad, diría que Conde trabaja desde una literalidad poética que exhibe lo objetivo, pero también su duda. Sí, la ruina es promesa, pero, a veces, la ruina no está; y otras veces la promesa, simplemente, no se cumple. Y me atrevería a decir que la premisa de ese testimonio poético cruza toda la obra de Jorge Conde, tanto en las superposiciones de imágenes de archivo sobre las fotografías documentales recientes del artista, como por el uso emocional de la luz y el sonido en sus ambientes expositivos.

Y ahora, ya para acabar, siento la necesidad de volver a aquel día en la cafetería de La Sedeta. En cierto modo, imagino que todos estos pensamientos, apuntes e ideas sobre el trabajo de Jorge Conde surgen en aquel instante, en aquella toma de consciencia entre el presente y el pasado del lugar que me llevó a enfocar mi relato sobre *Estas ruinas que (no) ves son una promesa*. Como si hubiera escrito el texto durante aquel café, intento volver de nuevo a ese día para despedir mi escritura.

En la plaza exterior, justo a la entrada del bar, otro plafón explicativo –en este caso un metacrilato situado en una de las columnas del porche– aporta una narrativa histórica emocionante. Al cerrar la fábrica en 1975, el recinto de La Sedeta fue adquirido por la Caja de Ahorros Provincial de Barcelona, que decidió proyectar edificios de viviendas, pero las continuas protestas y movilizaciones vecinales consiguieron frenar su construcción. Finalmente, el Ayuntamiento de Barcelona expropió el terreno y construyó los equipamientos educativos y sociales que comentaba al inicio del texto. El barrio ganó unos espacios de uso público, manteniendo además una memoria industrial significativa y estimada para la historia local.

Mientras me alejo de la plaza, pienso de nuevo en el mensaje *Who Owns the Past?* que aparece en algunas de las imágenes de Jorge Conde, una auténtica declaración de intenciones sobre su modo de hacer arte. ¿A quién pertenece el pasado? Difícil pregunta que el artista lleva años intentando responder. Sonrío al pensar que, a veces, al menos como ha pasado en La Sedeta, el pasado pertenece a las personas que viven allí. Aunque muchas otras veces no es así. Y ahí está la raíz estética y política de su trabajo: en la especulación visual de la ruina convertida en promesa mediante la ilusión de una segunda vida. En definitiva, una suma de aciertos y fallos a gran escala capaces de definir el concepto actual de ciudad

Fondation Luma, 2018. Arlés, Francia / *Arles, France*. C-Print. 120 x 180 cm.

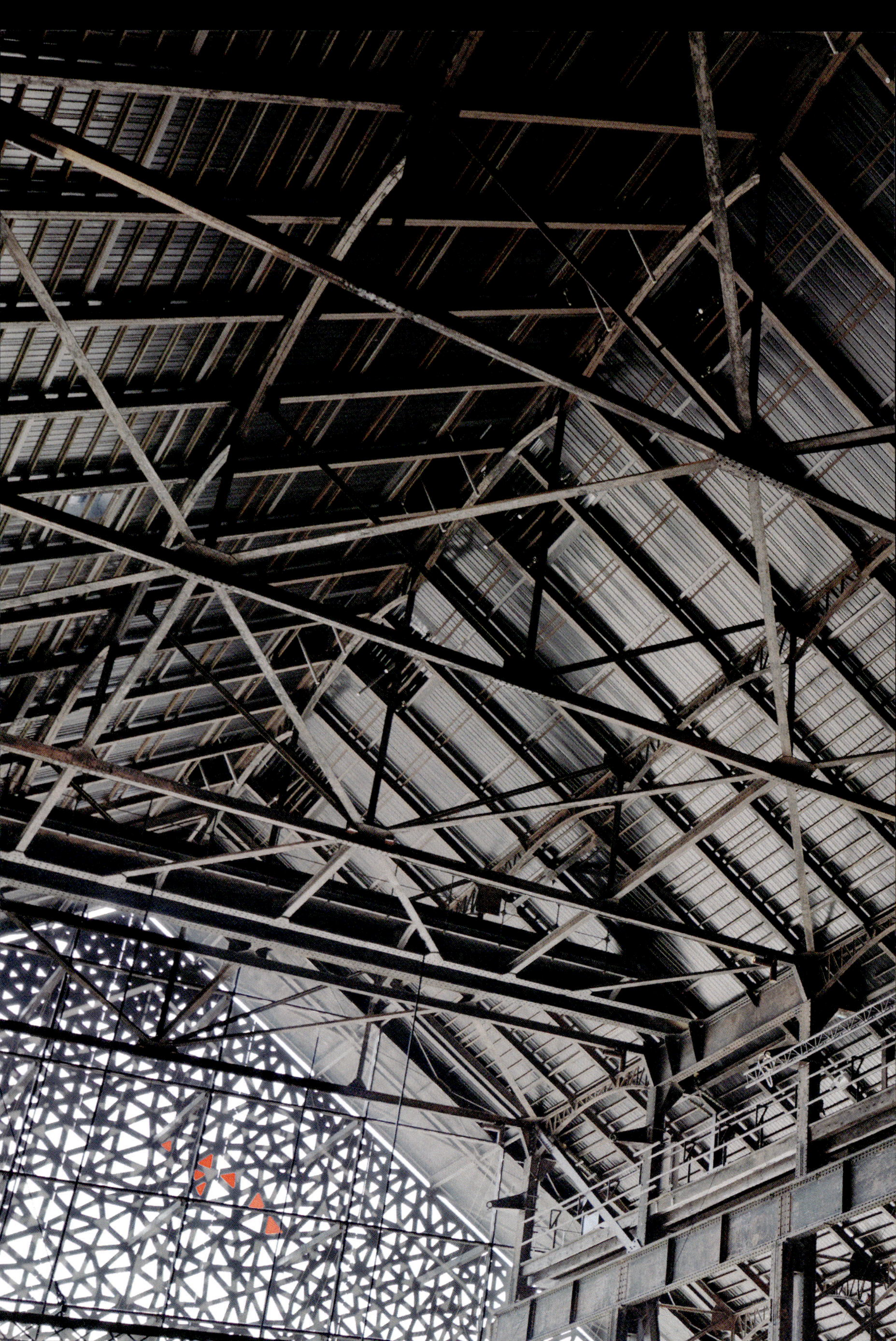

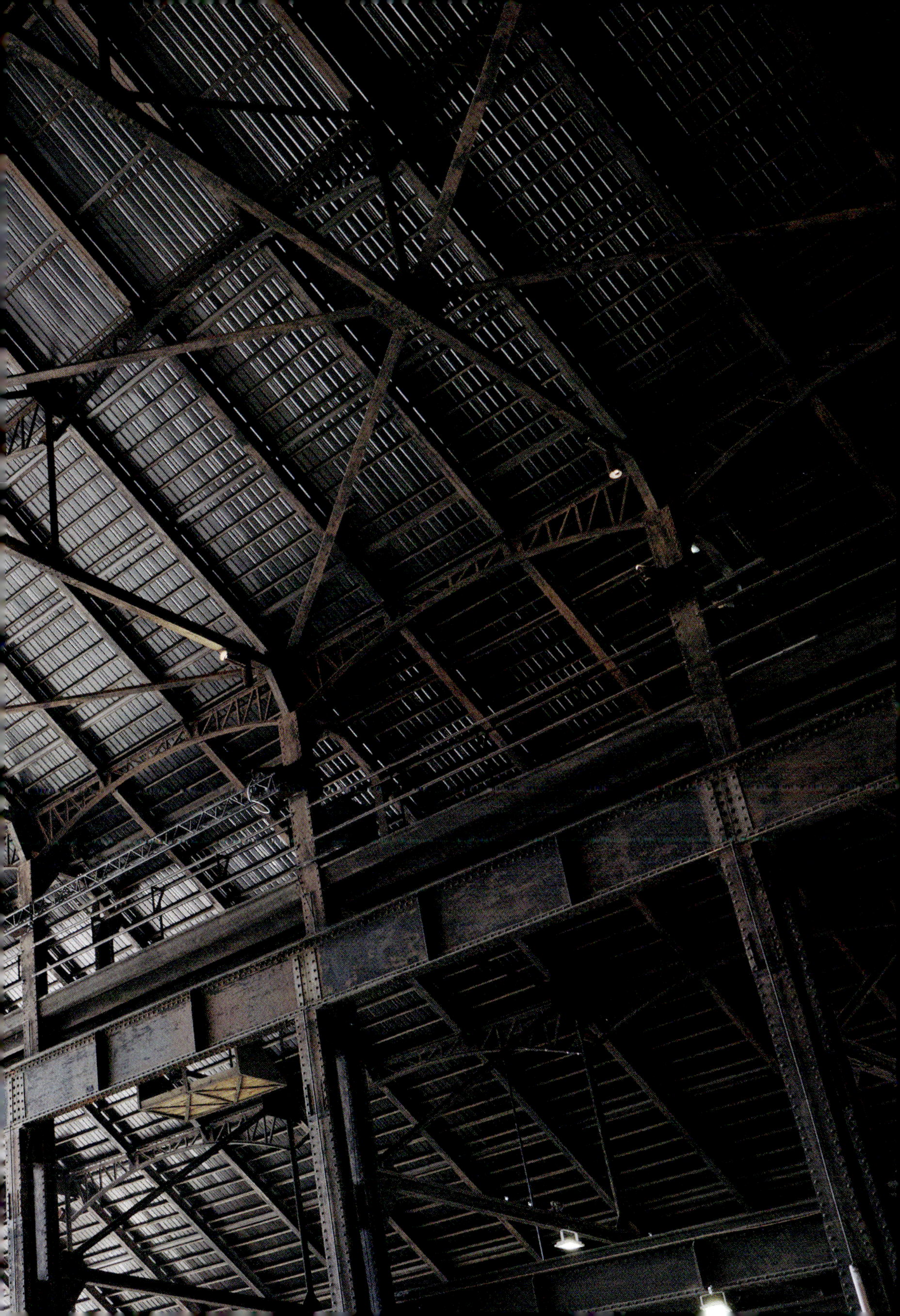

VER Y ~~NO~~ VER RUINAS

Jorge Conde

"La arquitectura es el testigo
insobornable de la historia, porque
no se puede hablar de un gran edificio
sin reconocer en él el testigo de
una época, su cultura, su sociedad,
sus intenciones..."

Octavio Paz

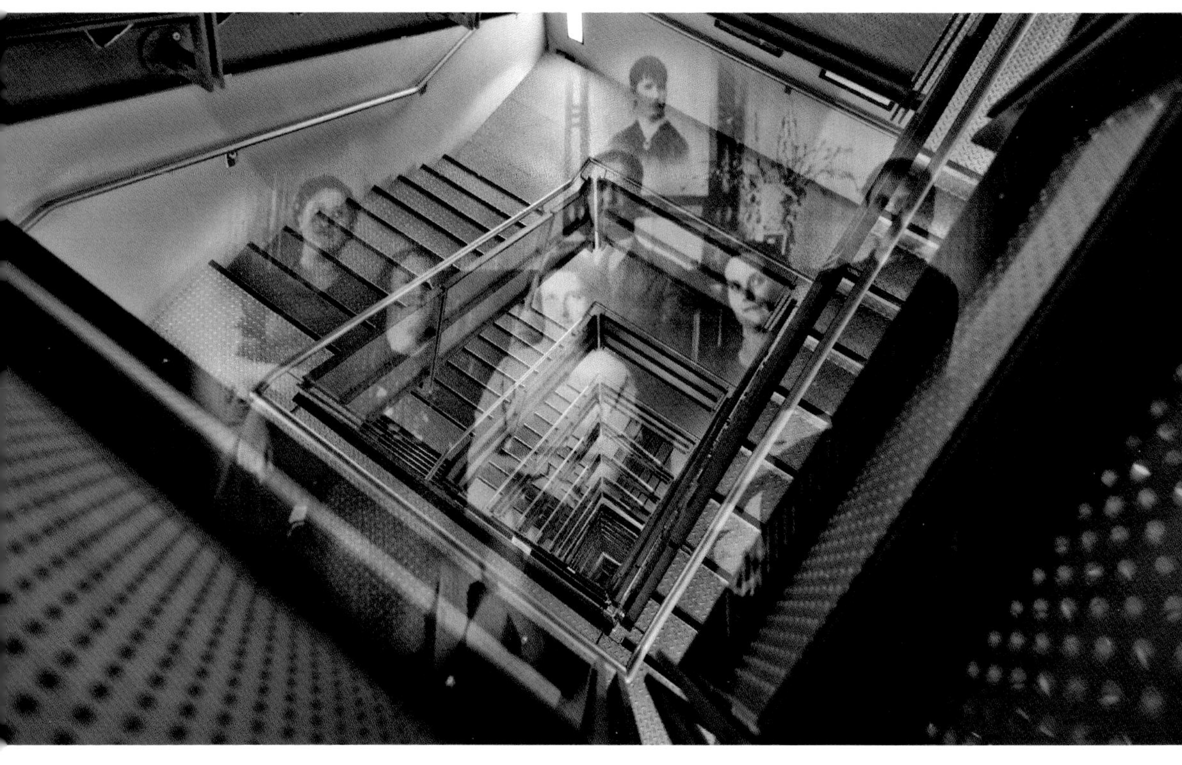

Baltic, 2020. Newcastle - Gateshead, Reino Unido / *Newcastle - Gateshead, UK.*
Caja de luz / *Lightbox.* 56 x 100 x 6 cm.

REFLEXIONES DESDE EL TRABAJO DE CAMPO

Desde el principio me propuse rastrear e investigar la memoria de una serie de entornos europeos de origen industrial que en tiempos recientes han sido rescatados del olvido, recuperados y transformados a través de la cultura, modificando así la fisonomía del territorio y generando oportunidades nuevas, tensiones y toda suerte de irradiaciones. Zonas urbanas y periurbanas donde, con mejor o peor fortuna, han surgido iniciativas socio-culturales diversas y una escena cultural emergente.

Decidí afrontar este proyecto como una oportunidad para suspenderme en el tiempo histórico. Tal vez una oportunidad para apelar a lo colectivo desde la convicción de que el pasado y el futuro únicamente son útiles si los explicamos e imaginamos desde la generosidad y con sentido de comunidad. Además de abordar fenómenos como la gentrificación, la especulación exacerbada, la guetificación, la mutación de la identidad urbana y la dispersión social, mi intención consistía en proponer una reflexión sobre el papel de la institución cultural en la construcción de los relatos históricos, así como en la recuperación de la memoria y el análisis crítico del modelo de desarrollo nacido de la Revolución Industrial y del sistema económico-productivo colonial europeo, un proceso que quizá sea útil tanto para restaurar una cierta memoria como para superar algunas derivadas de la globalización y del modelo neoliberal de hiperconsumo que estamos sufriendo actualmente.

Las ruinas de este proyecto son los vestigios arquitectónicos de instalaciones industriales que ya no existen: una fábrica, un matadero, una central eléctrica, una estación del ferrocarril, una factoría automotriz, un mercado de abastos, un gasómetro, un molino de trigo, lana o papel, una torre de agua, unos astilleros, unos silos, unos almacenes portuarios, una industria de pompas fúnebres. Infinitos representantes de una organización social y un modelo productivo conocidos pero hoy obsoletos, superados en la función, el tiempo y el espacio. Una muestra de tipologías diversas que reúne un total de 135 lugares explorados en 75 ciudades de 17 países europeos a lo largo de más de una década de trabajo. Este conjunto compone un archivo de documentos "fingidos" no jerarquizados, un recuento caleidoscópico, arbitrario e impreciso de arquitecturas híbridas que, por su propia esencia, huyen de lo inmutable.

Ahora bien, esta obsolescencia decretada por la evolución no es del todo abandono ni tampoco ausencia. Antes bien se me antoja liminalidad, reinvención y tránsito, toda vez que en estos lugares, actualmente habitados por otros y donde se desempeñan otras funciones, planea latente la memoria de la sociedad industrial y quienes fueron sus protagonistas. Personas que nos precedieron, algunas conocidas y la mayoría gente al margen de la historiografía oficial.

Abordé el proyecto con la mirada de un explorador aficionado a la arqueología, sus principios y formas de representación. Con la experiencia acumulada en investigaciones anteriores, decidí realizar un trabajo de campo cuidadoso e intenso, ajeno a la nostalgia pero nunca apresurado: buscar en cada edificio los restos de la arquitectura industrial y su transformación en una arquitectura tal vez con mejor futuro, descubrir la intersección de funciones inconexas, a menudo muy distantes entre sí, y el diálogo intergeneracional, es decir, el intercambio entre sociedades basadas en valores y modelos productivos diferentes y, si el lector me lo permite, el tránsito entre la sociedad extinta y la existente. Me interesaba detectar y recuperar la memoria de aquellas y estas arquitecturas

1 Becher, Bernd y Hilla. *Anonyme Skulpturen: Eine Typologie Technischer Bauten.* Düsseldorf: Art-Press Verlag, 1970.

funcionales, *anonyme skulpturen*[1] de carácter predominantemente instrumental, exprimir la estela de aquella vida otra que alguna vez tuvieron y proporcionar un sentido a las transformaciones y renovaciones que en tiempos recientes han experimentado, apto para la contemporaneidad y acaso necesario.

En sentido estricto, es sorprendente que algunos de estos edificios sigan en pie, siquiera parcialmente, más o menos transformados y con un nuevo uso de índole cultural. Y también lo es que hace varias décadas estas transformaciones se erigieran, con criterios y fortuna dispares, en tendencia ineludible del urbanismo contemporáneo. Desde la cultura se los recuperó para las nuevas sociedades del conocimiento, como gigantescos buques cargueros remozados que buscan su sitio en el paisaje y todavía sobreviven en la era digital. Enclaves de actividad concentrada cargados de rotundidad física, compromiso y experiencia. Hoy testigos de la insistencia de la cultura en dar respuesta a las necesidades colectivas frente a realidades adversas y cambiantes, aun en contextos distópicos, tan inesperados e inciertos como la pandemia de 2020-21. Elementos seminales con capacidad para rescatar del olvido y dotar de una segunda vida a los restos de un período histórico periclitado. Arquitecturas supervivientes que enarbolan la poética del renacer en otro estrato temporal y en otras circunstancias, vencedoras de su destino.

He aquí la promesa de futuro de estos lugares recuperados para la sociedad, una responsabilidad ingente que atañe a cuantos agentes participamos de eso que llamamos ciudadanía y cultura, desde el artista que se interroga sobre el mundo hasta la institución que detecta, alberga y comunica su trabajo. Ante estas edificaciones, ver y no ver ruinas es tanto un ejercicio arqueológico como un acto de la voluntad misma, quizá utópico, pero animado y filtrado por la percepción reflexiva. Una posibilidad del ser en su relación con el pasado, articulada y resuelta en el presente y con legítimas aspiraciones de construir el futuro y originar nuevas ruinas. Más que espacios reutilizados, una oportunidad colectiva.

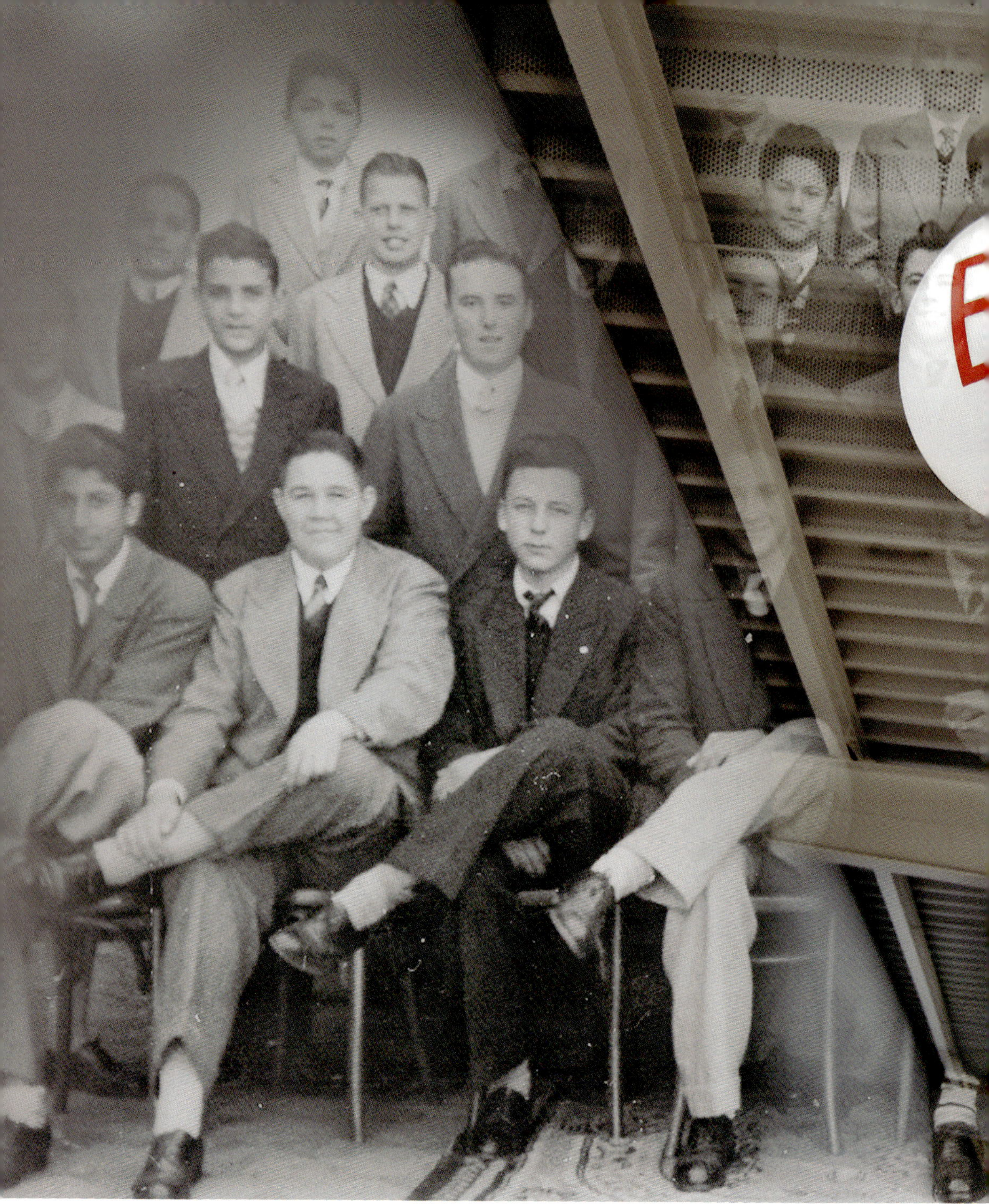

Hamburger Bahnhof - Nationalgalerie der Gegenwart, 2020.
Berlin, Alemania / *Berlin, Germany*. Caja de luz / *Lightbox*. 56 x 100 x 6 cm.

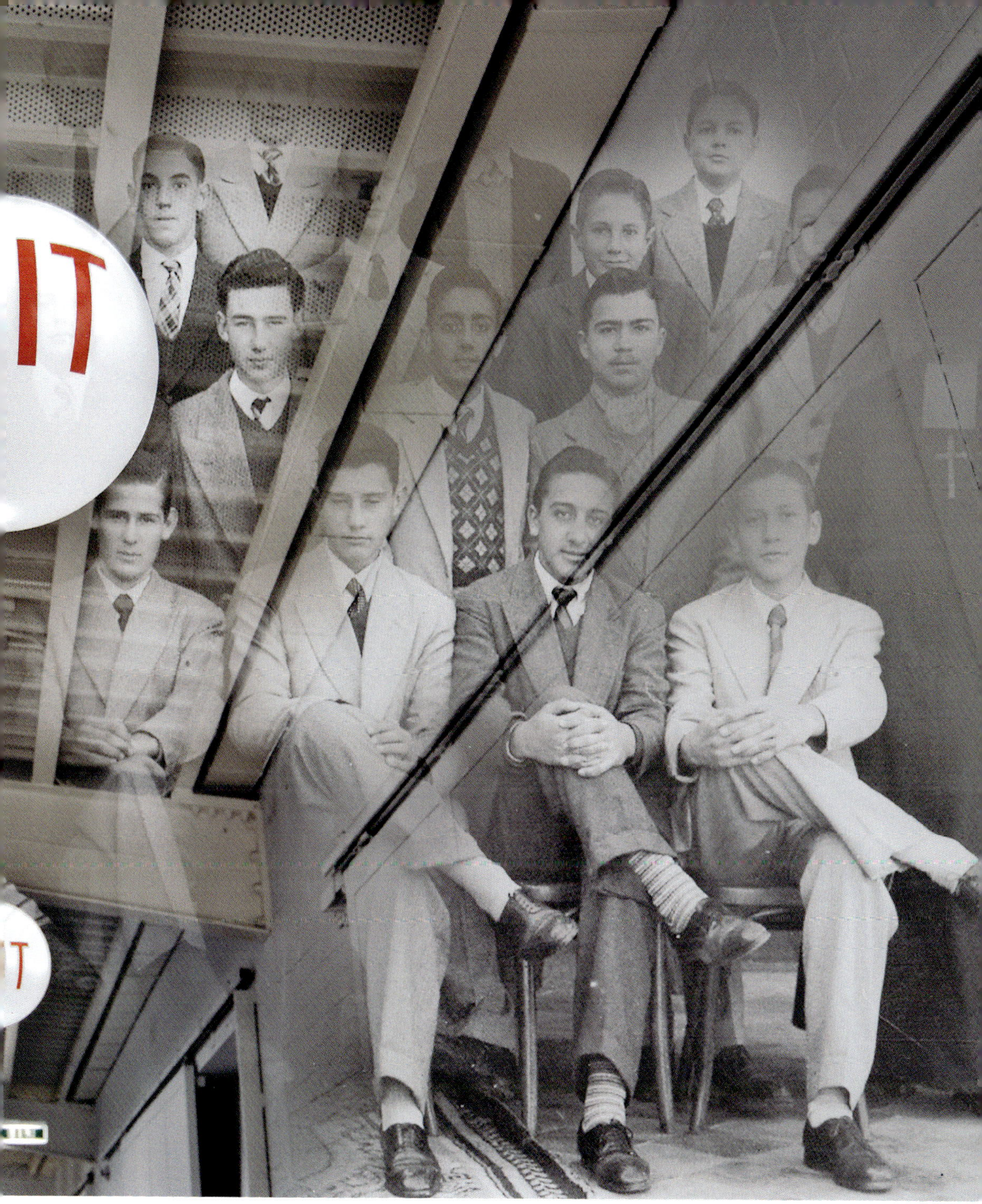
IT

GENEALOGÍA Y EVOLUCIÓN DEL PROYECTO

La idea primigenia que con el tiempo me conduciría a este proyecto, se gestó en el año 2009 como consecuencia de la crisis económico-financiera internacional, su devastador impacto social y sus inquietantes resonancias en el mundo de la cultura y sus "contenedores". Luego de una primera fase apasionante, centrada en el fenómeno de la trasformación de antiguos espacios en desuso y su reconversión en instituciones culturales, su papel en la recuperación de la memoria y su incidencia en el territorio, compuse una serie de obras y un archivo de alcance europeo y americano. Este proceso cristalizó en el proyecto *Cualquier lugar es otro lugar*, que tuvo un amplio recorrido expositivo dentro y fuera de nuestras fronteras entre los años 2011 y 2019.

No obstante, el desarrollo conceptual y la necesidad de trabajar la idea en un contexto local, más acotado geográficamente, motivaron mi desplazamiento hacia zonas menos confortables y métodos de trabajo enriquecidos. Así nació *A World-Size House*. Con este proyecto, realizado en el período 2015-16 como artista residente en la Real Academia de España en Roma, pude zambullirme en el tejido cultural romano con el fin de comprender y analizar la repercusión social de 15 instituciones surgidas de un proceso de regeneración arquitectónica y urbanística. Para lograrlo me impuse una "metodología vivencial de inmersión" que incorporaba la experiencia directa y prolongada de estos entornos liminales, la documentación de su actividad y la realización de entrevistas tanto a los responsables de estas instituciones como a sus usuarios, vecinos y transeúntes.

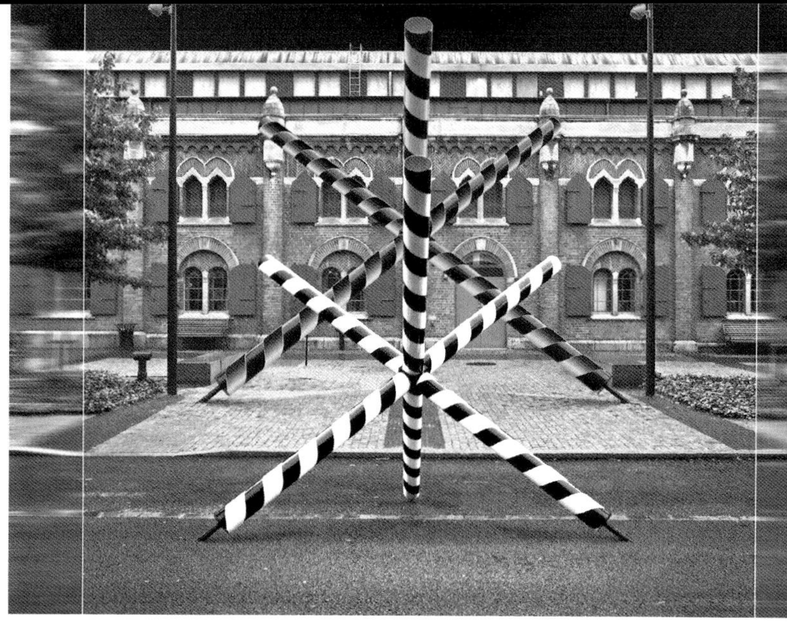

Moderna Museet, 2023. Malmö, Suecia / *Malmö, Sweden.*
Caja de luz / *Lightbox.* 35 x 45 x 9 cm.

Fue en Roma, durante una visita a mi estudio, que Begoña Torres, entonces directora de Tabacalera Madrid, y yo revisitamos mis trabajos anteriores y hablamos de concentrar la mirada en aquellos espacios de origen y tipología netamente industrial actualmente dedicados a la difusión de las artes visuales y el pensamiento contemporáneo en el contexto de Europa Occidental. Acordamos adoptar un enfoque documental y plantear la exposición como una experiencia híbrida y sensorial que diera una idea del carácter abrumador e inabarcable del fenómeno al tiempo que proponía un diálogo con la fisicalidad reminiscente de la arquitectura de Tabacalera en Madrid. Finalmente establecimos un horizonte de 3 años para realizar el trabajo de campo, seleccionar los espacios y desarrollar la conceptualización artística antes de exponerlo públicamente en el más que *ad hoc* edificio de la Antigua Fábrica de Tabacos madrileña.

Estas ruinas que (no) ves son una promesa se resuelve en la forma de un enorme gabinete de documentos fotográficos y videográficos interrelacionados y en conversación con los espacios –casi escenográficos– de Tabacalera, la arquitectura transformada del IAACC Pablo Serrano y de otros edificios similares con pasado industrial. Documentos escogidos, recorridos estratificados y evanescentes, textos evocadores, superposiciones de imágenes actuales y de archivo, recreaciones sonoras simuladas, construidas a partir de sonidos ambientales e interpolaciones contemporáneas que simulan el tránsito funcional y la vida antes y después de la transformación. Una experiencia que aspira a la atemporalidad estimulante como estrategia para la reflexión

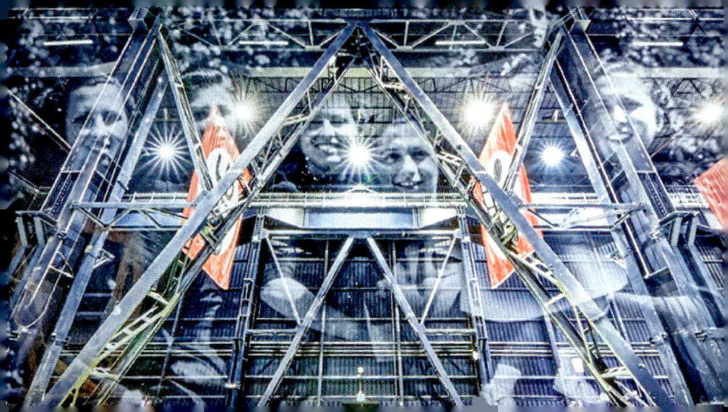

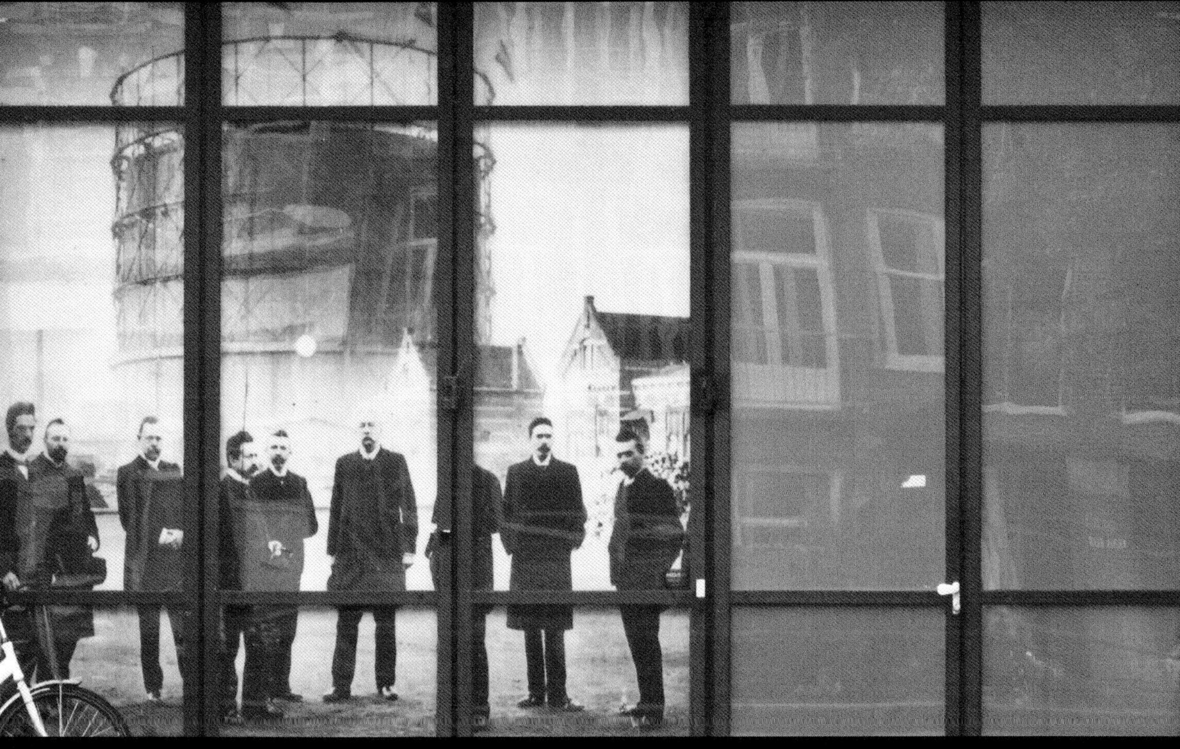

Pirelli HangarBicocca, 2020.
Milán, Italia / *Milan, Italy*.
Caja de luz / *Lightbox*.
56 x 100 x 6 cm.

Westergasfabriek, 2017.
Amsterdam, Países Bajos /
Amsterdam, The Netherlands.
Fotograma / *Video still*.

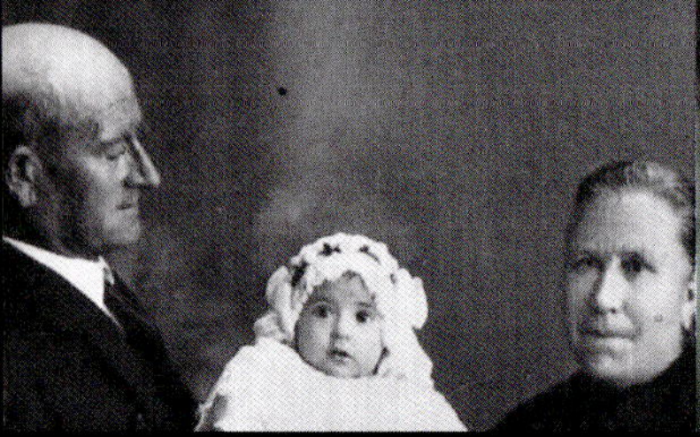

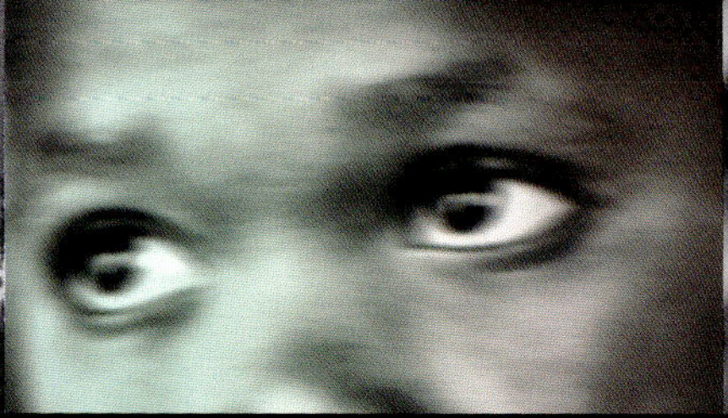

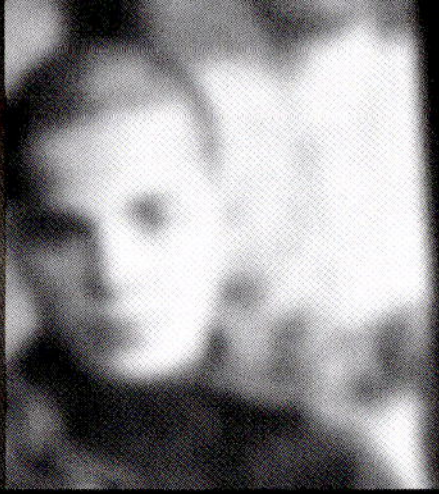

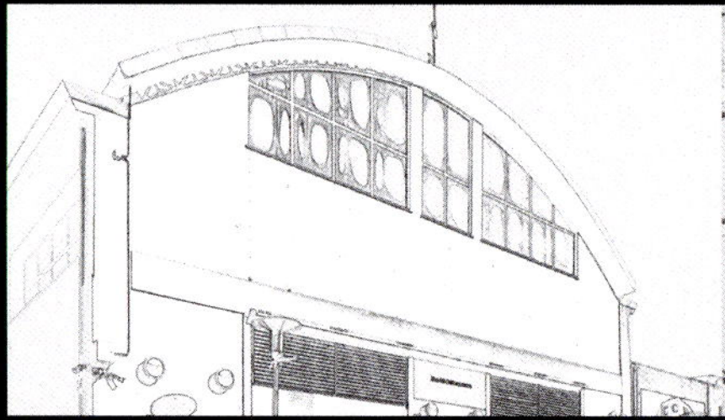

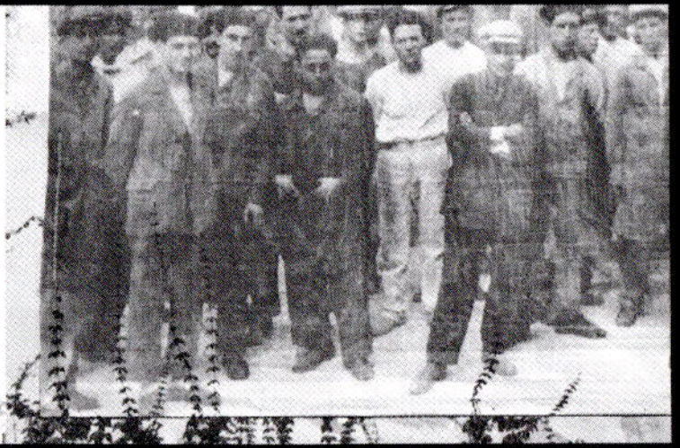

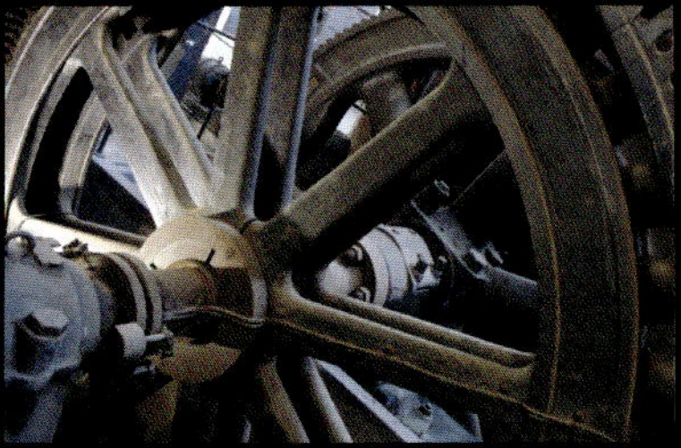

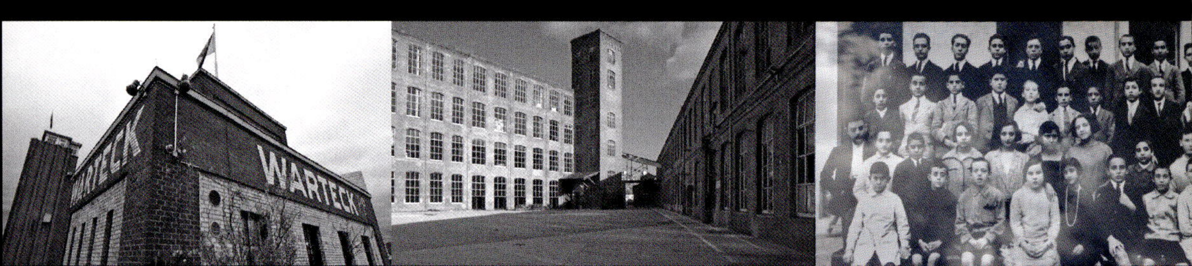
WARTECK
WARTECK

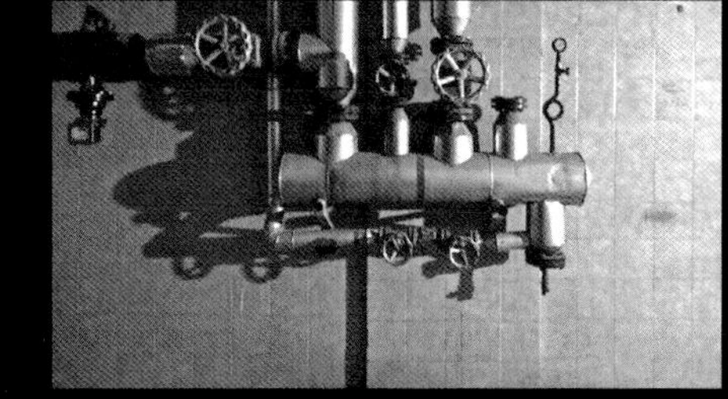

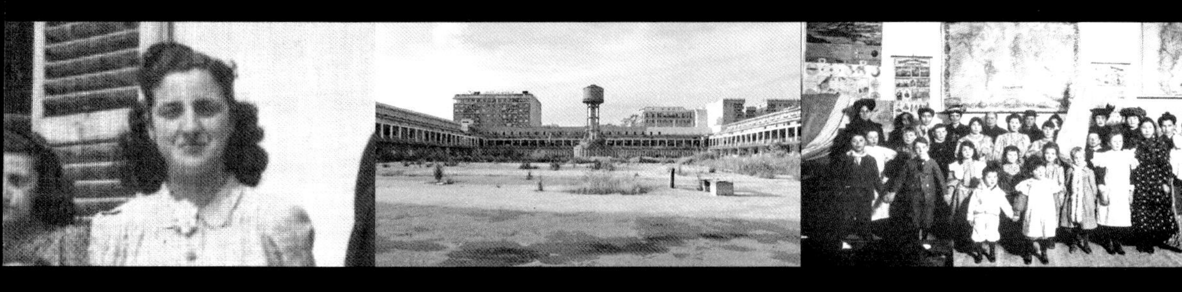

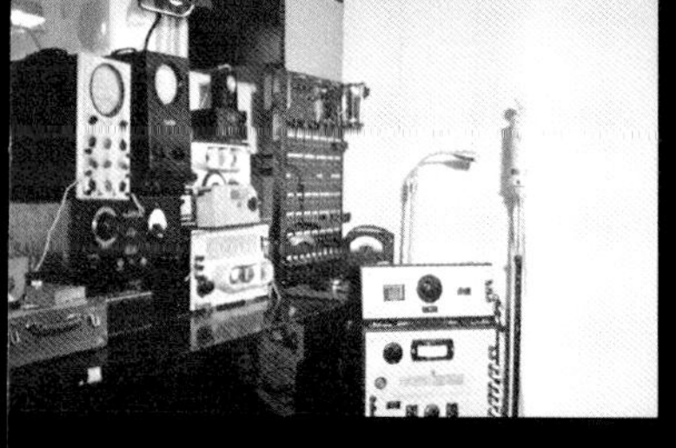

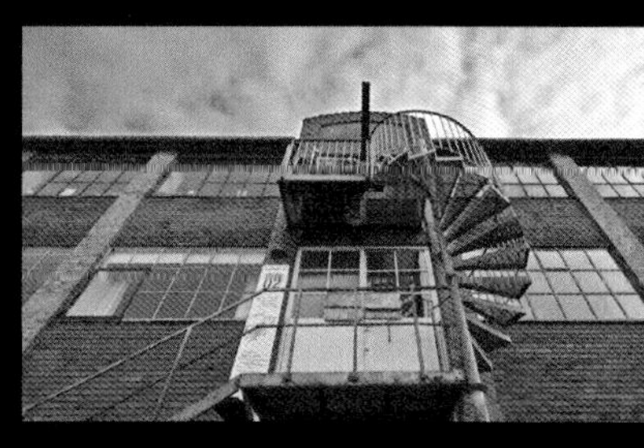

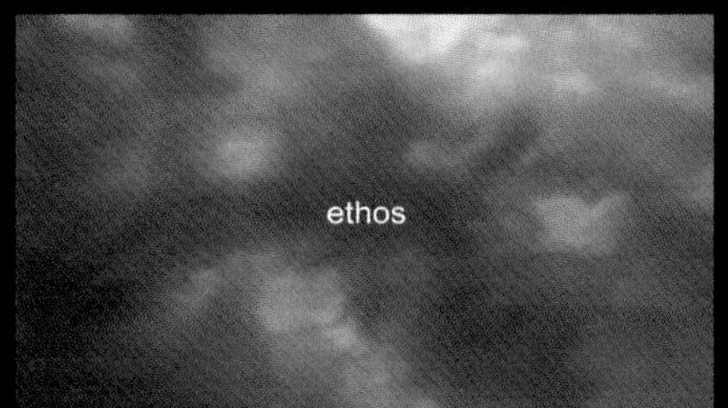

ethos

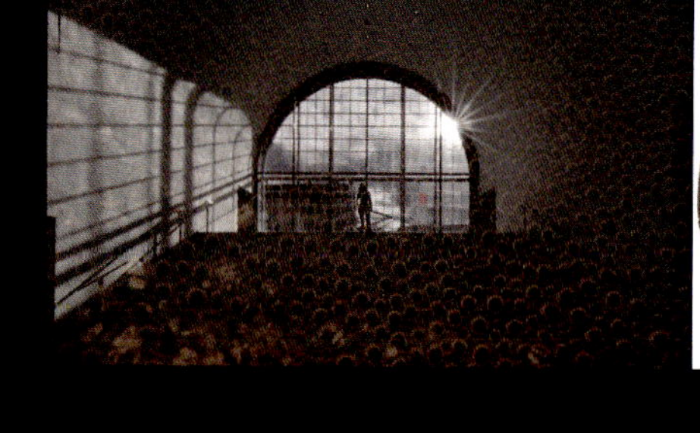

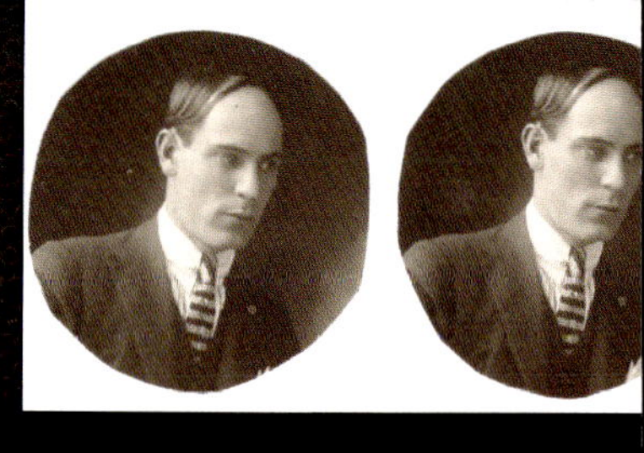

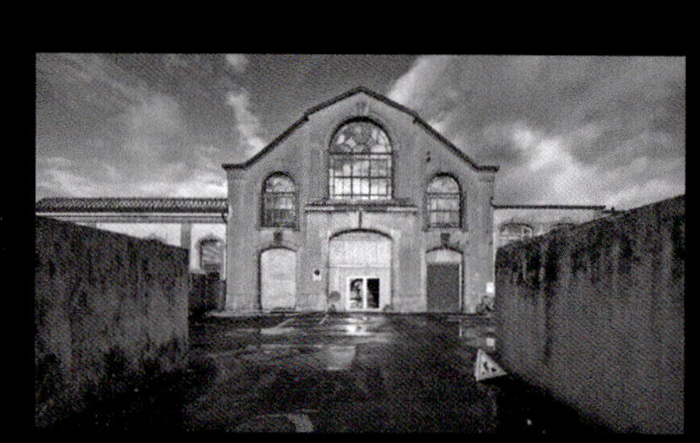

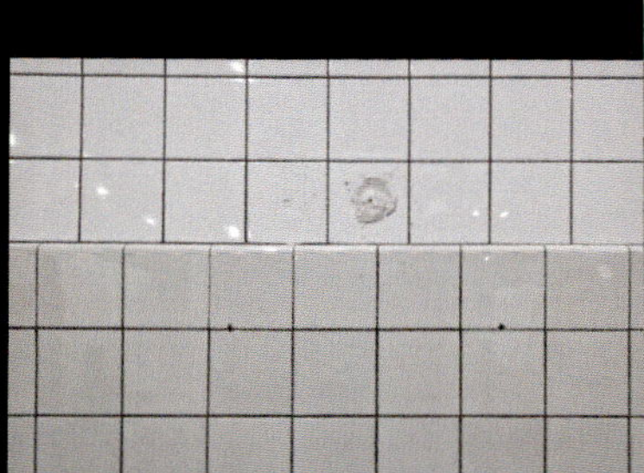

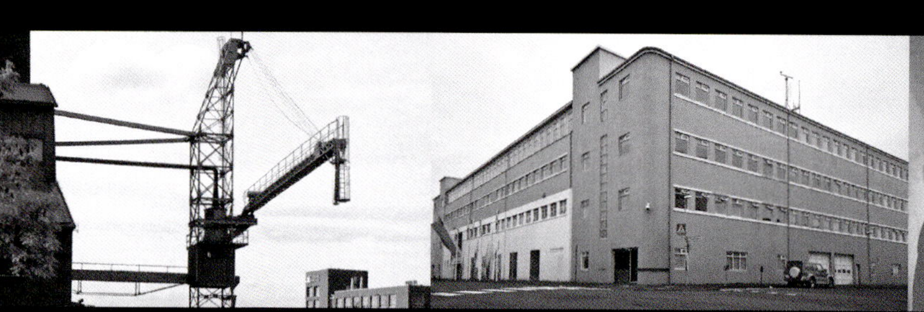

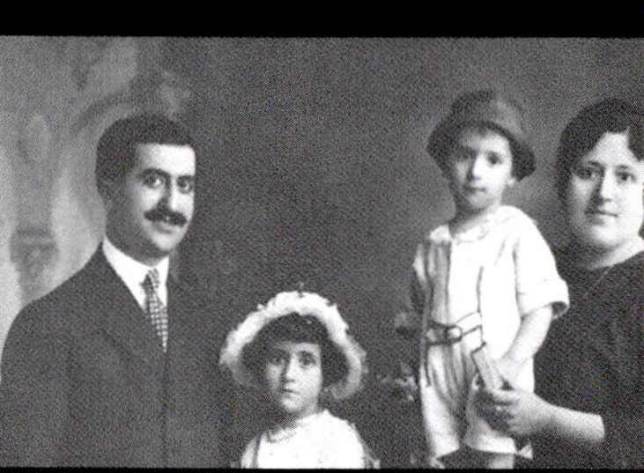

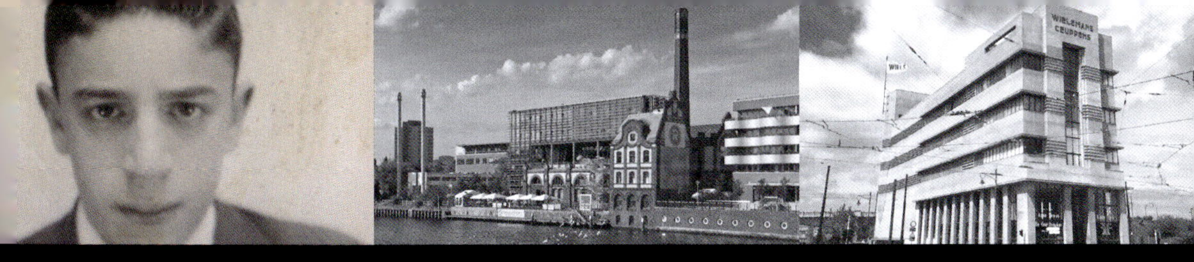

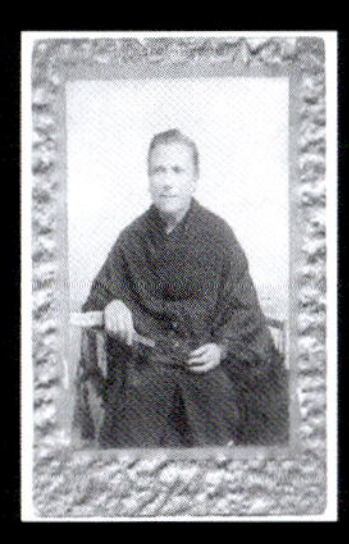

gentrification

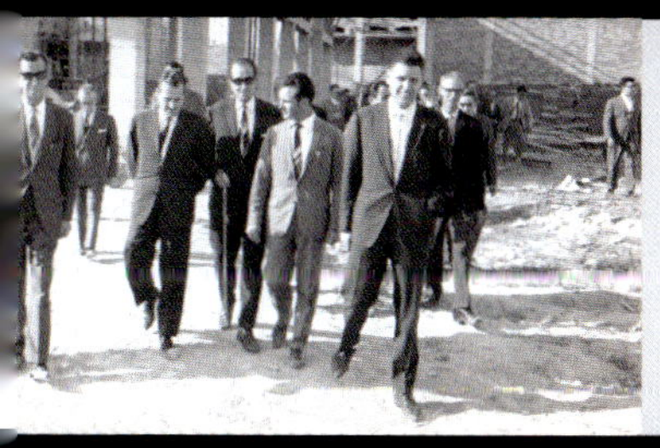

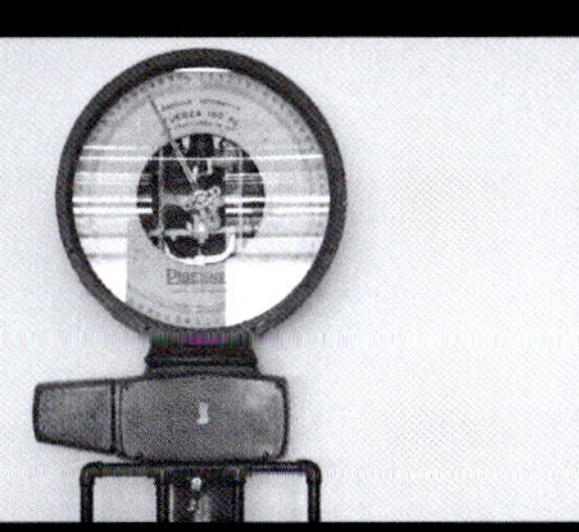

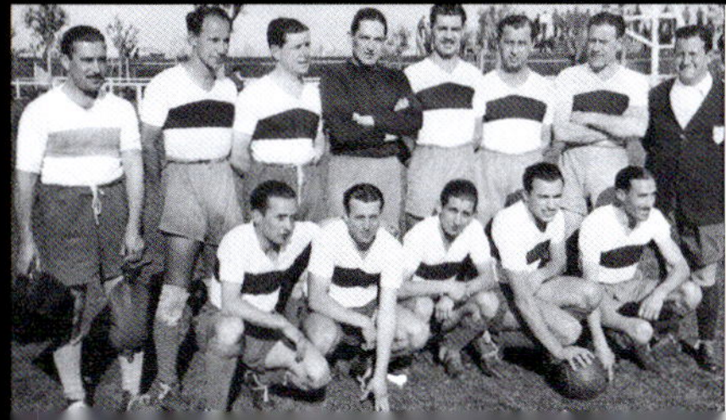

time

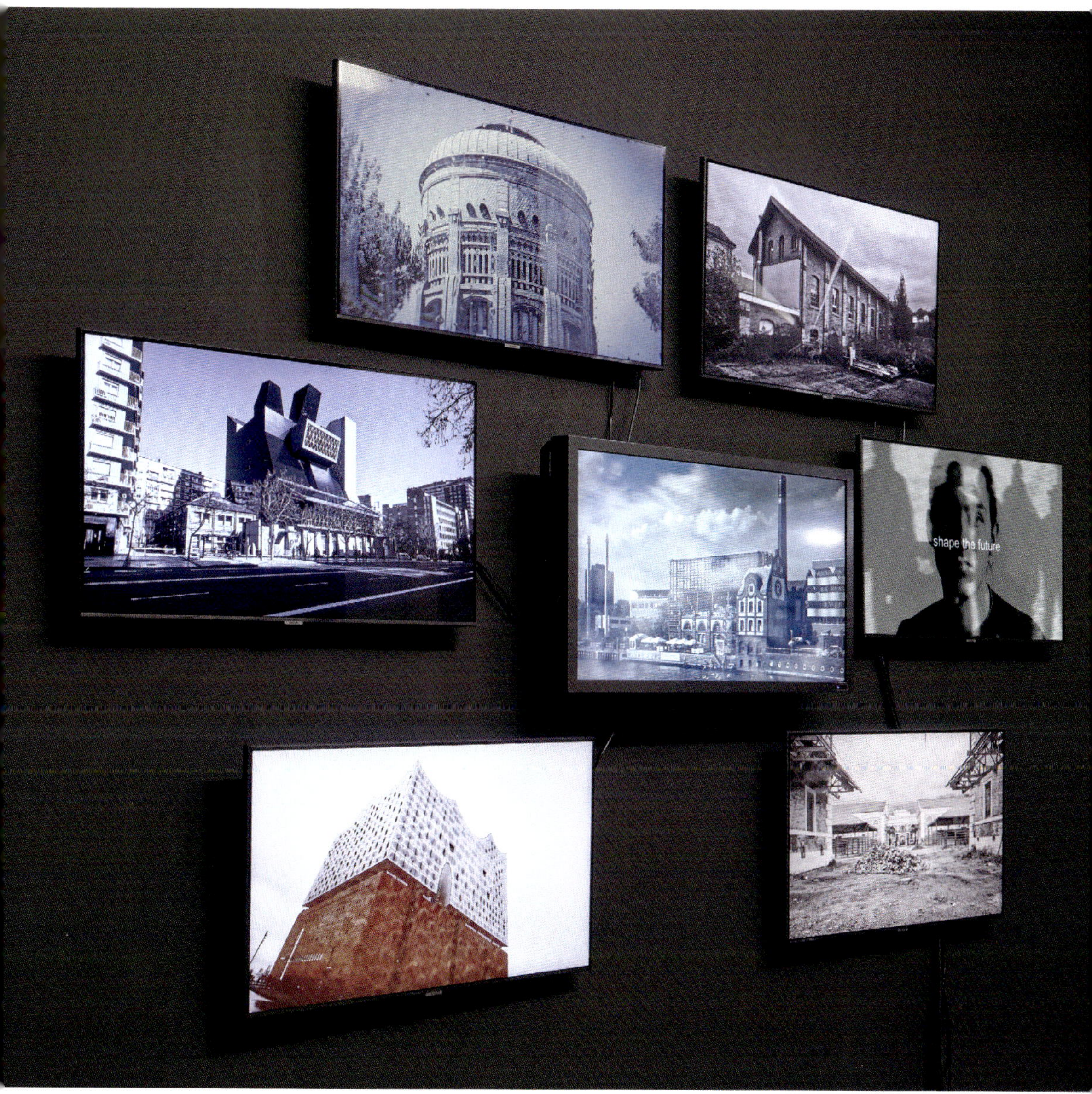
shape the future

Who Owns the Past? + Who Owns the Future?, 2020-23.
Arena Wien, Viena, Austria / *Vienna, Austria.*
Tramway, Glasgow, Reino Unido / *Glasgow, UK.*
IAACC Pablo Serrano, Zaragoza, España / *Zaragoza, Spain.*
Fotografías lenticulares / *Lenticular photos.*
160 x 107 cm c/u. / *each.*

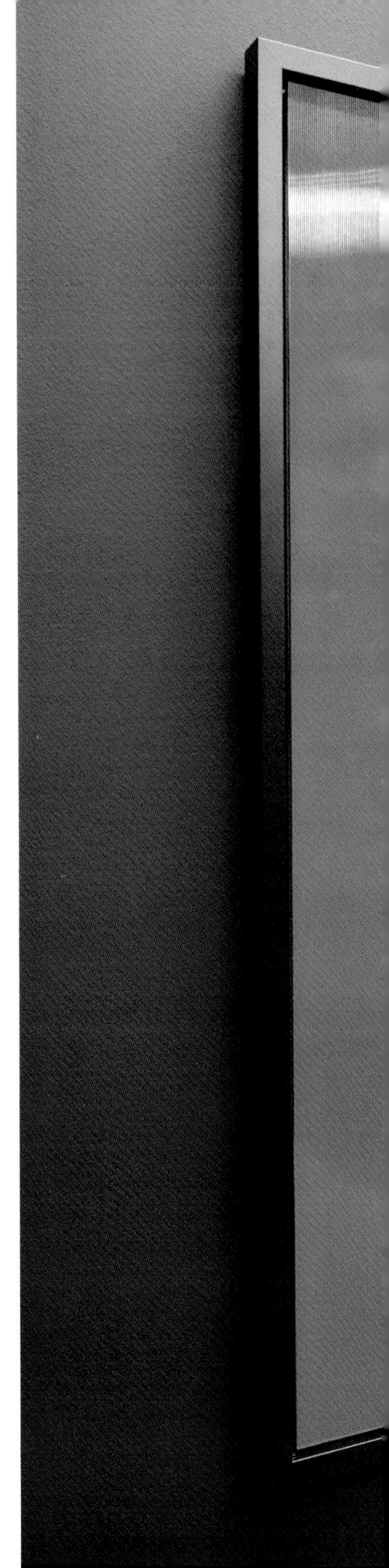

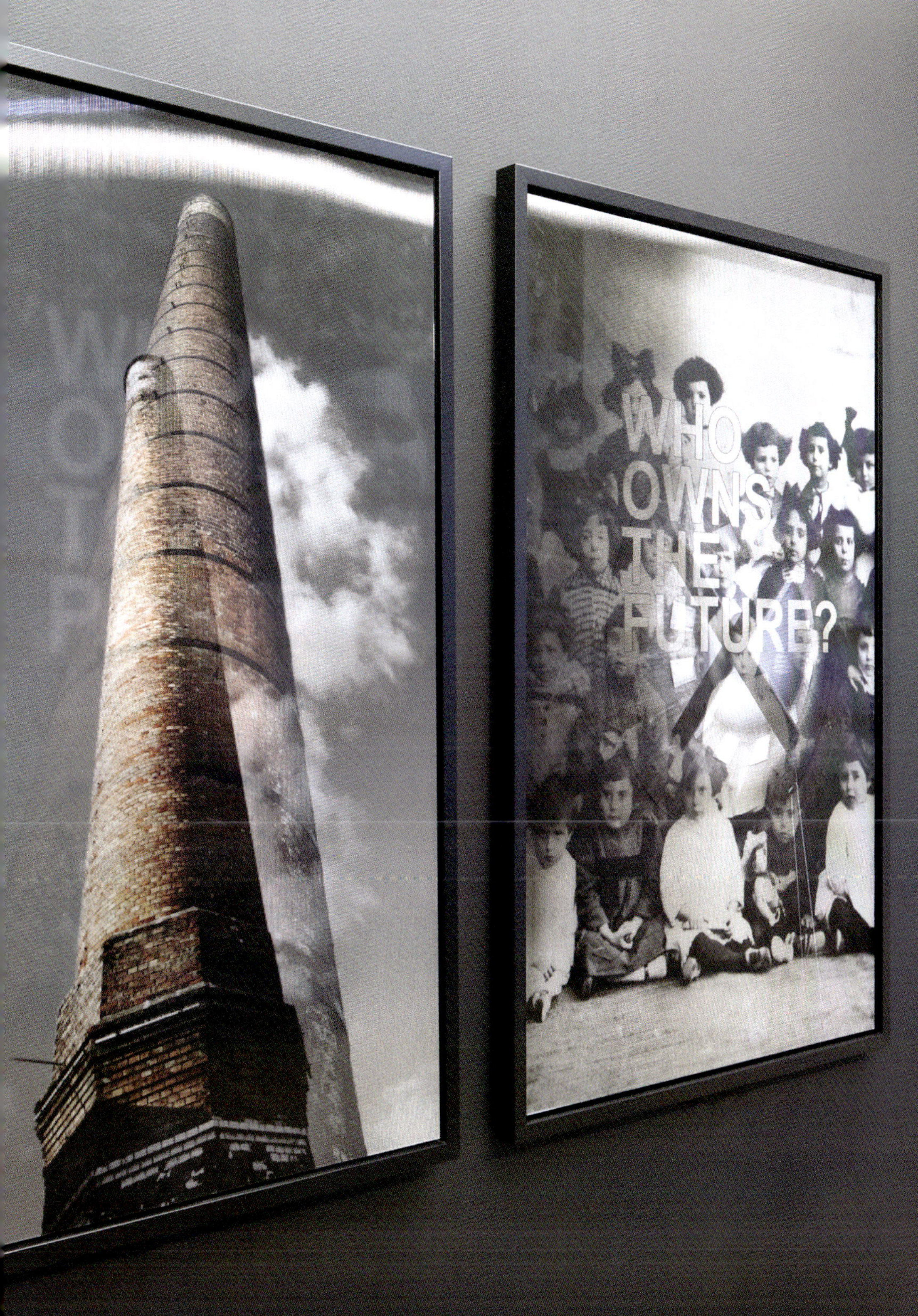
WHO
OWNS
THE
FUTURE?

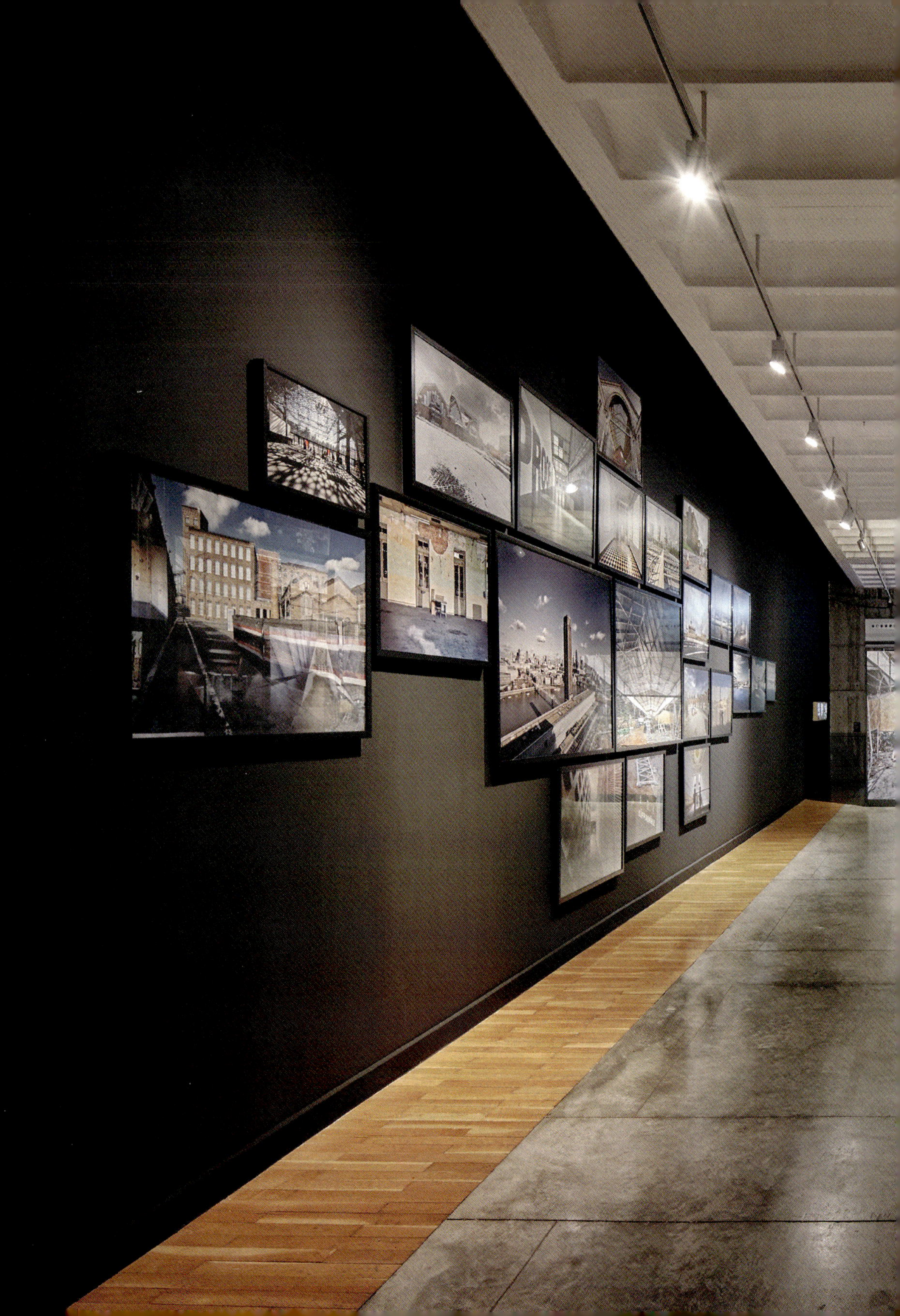

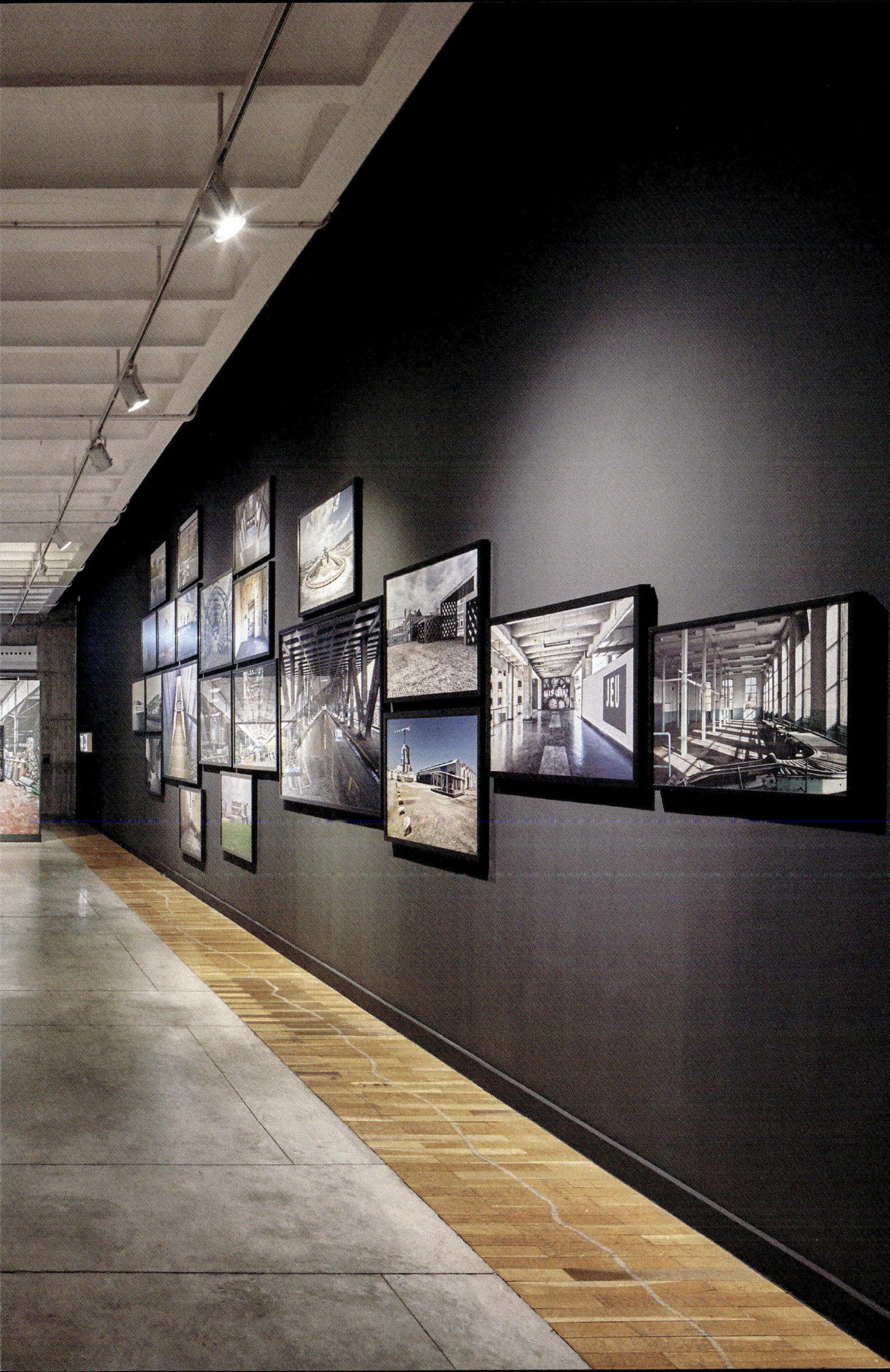
JEU

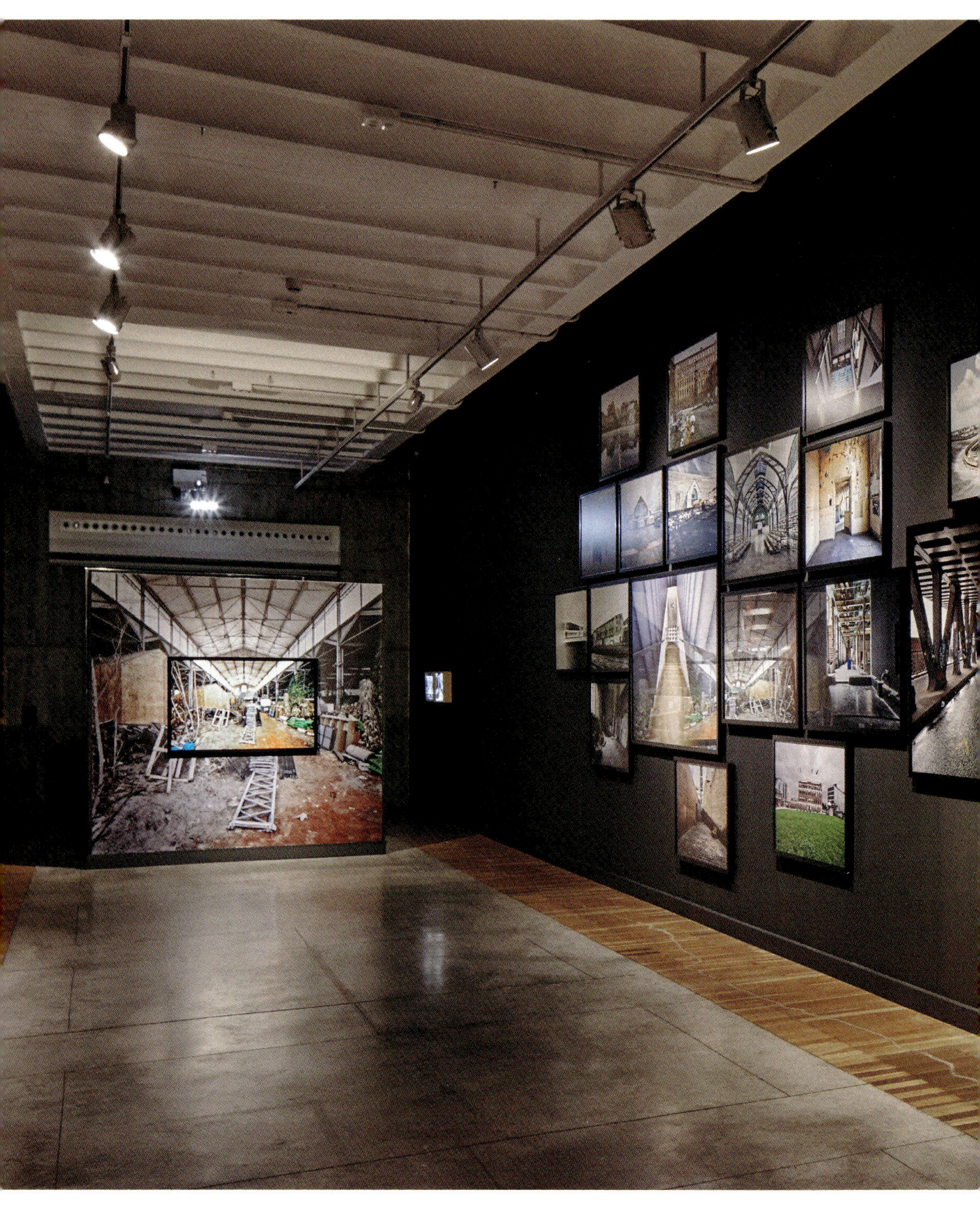

The Great Wunderkammer – The Time Compressor Room, 2012-23.
Instalación: 53 fotografías + 11 cajas de luz + 2 videos + sonido + estructura de madera /
Installation: 53 photos + 11 lightboxes + 2 videos + sound + wooden structure.

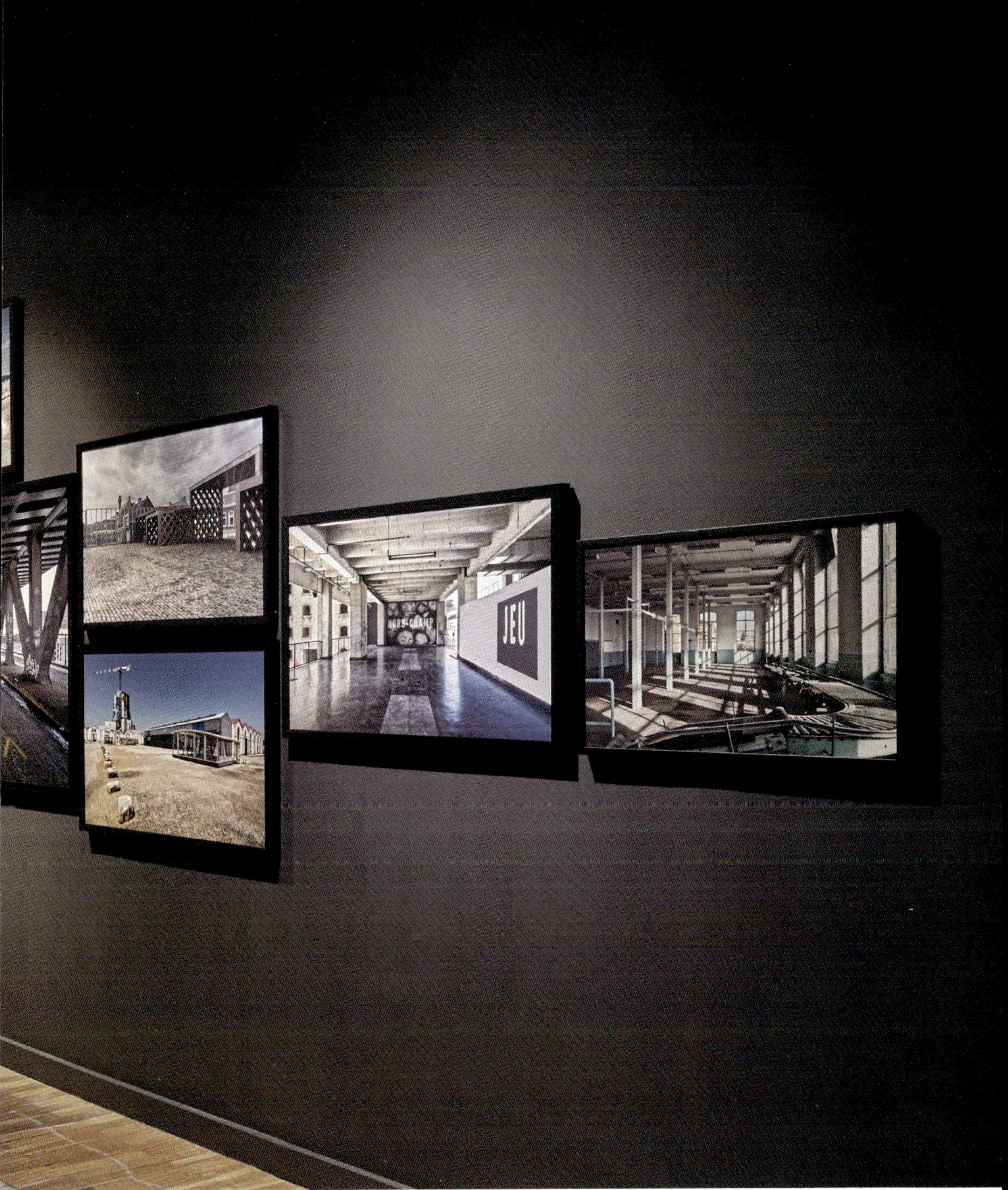
HORS-CHAMP
JEU

Matadero, 2019.
Madrid, España / *Madrid, Spain*.
C-Print. 80 x 120 cm.

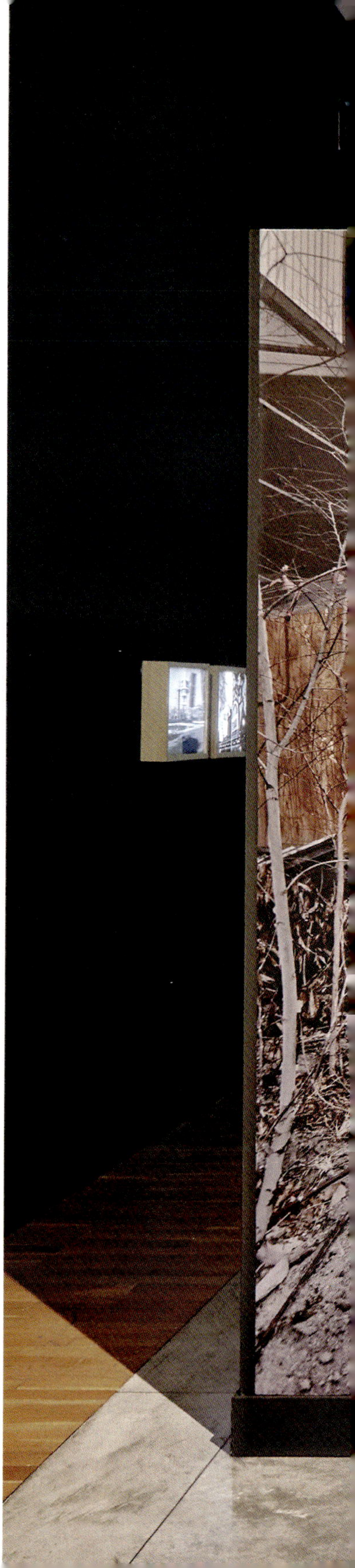

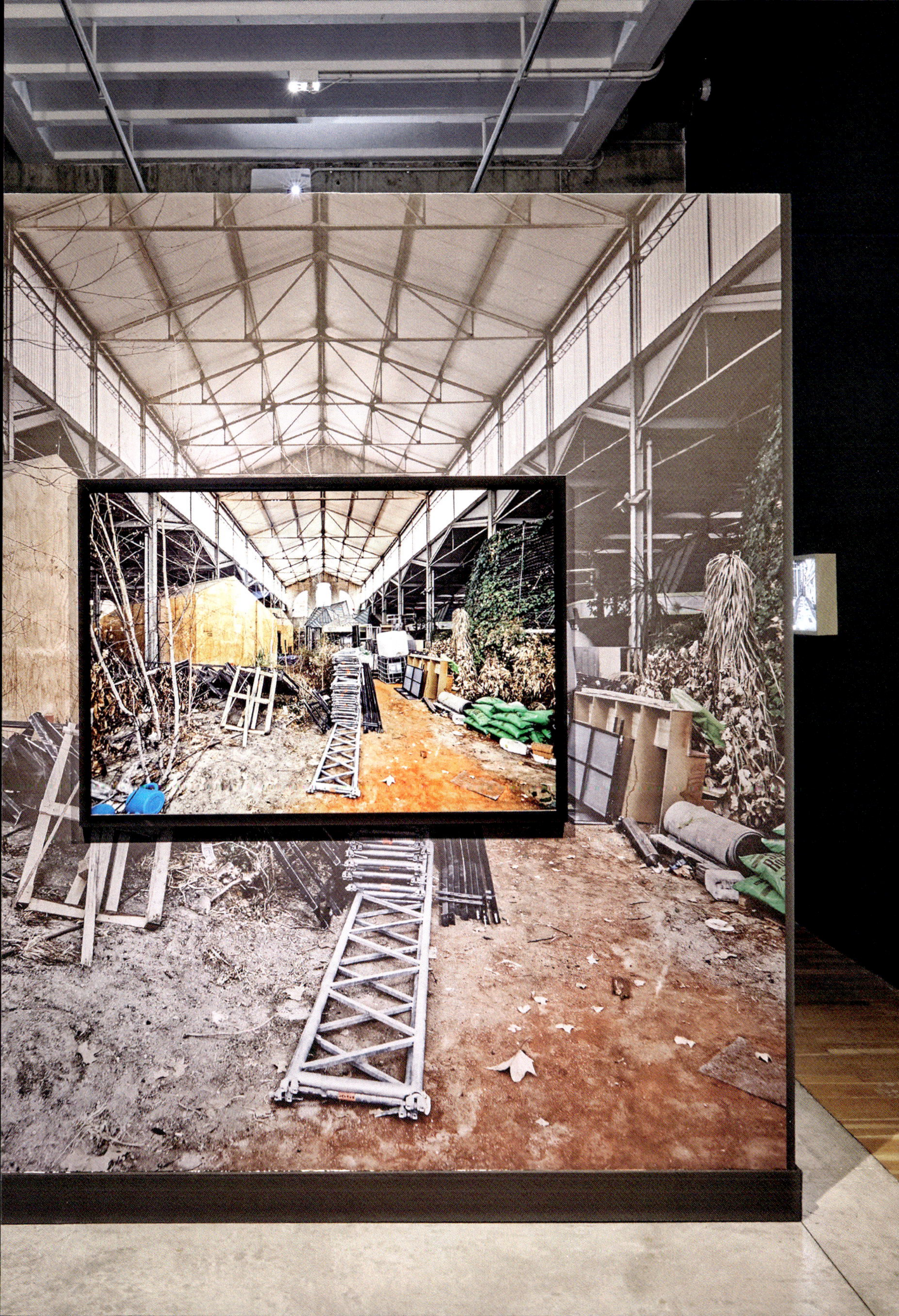

Kunsthalle Zürich + Migros Museum, 2020.
Zúrich, Suiza / *Zurich, Switzerland.*
Fotograma / *Video still.*

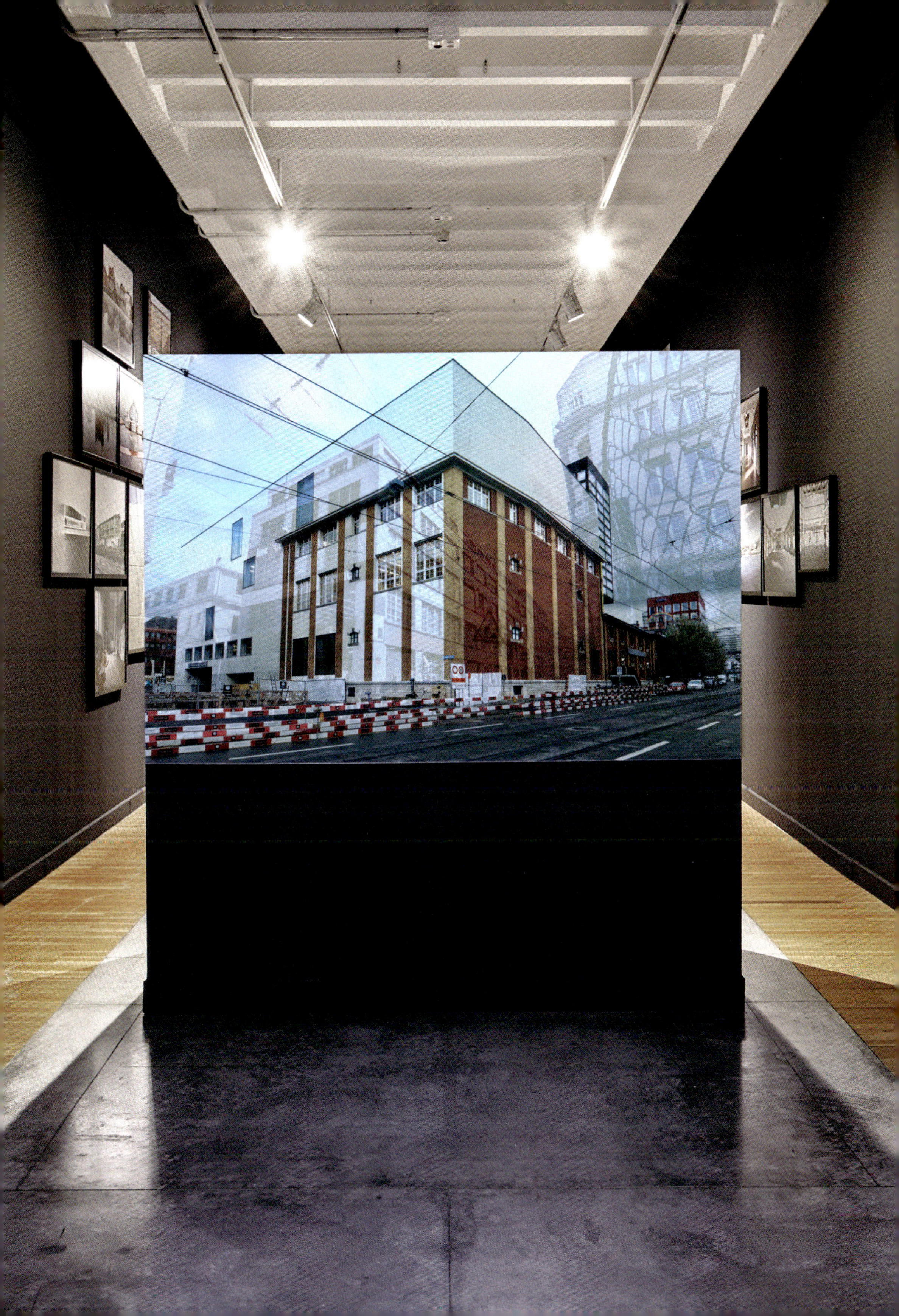

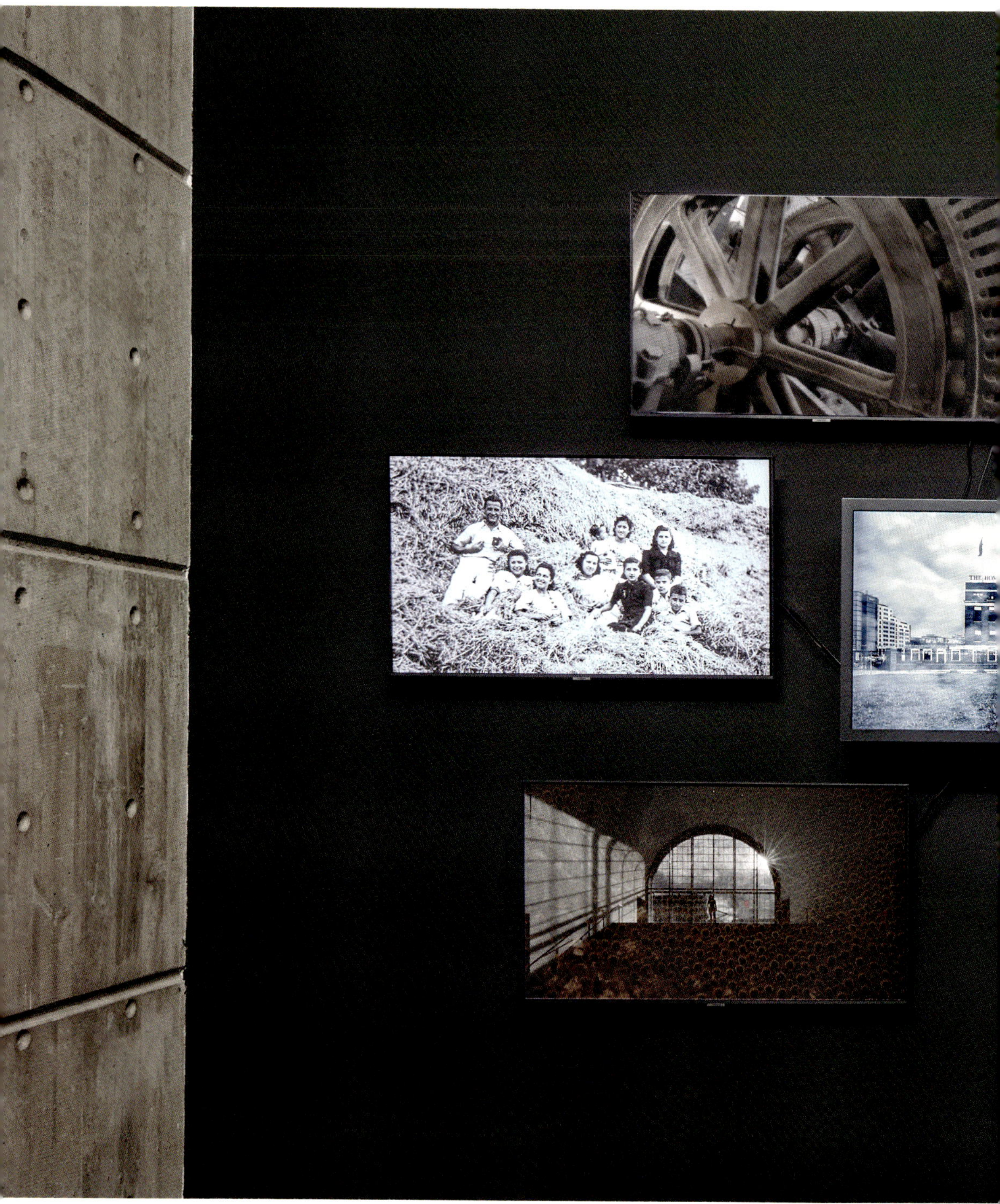

When a Building Decays, 2023. 7 videos sincronizados con audio / *7 synchronised videos with audio*. 4' 00''.

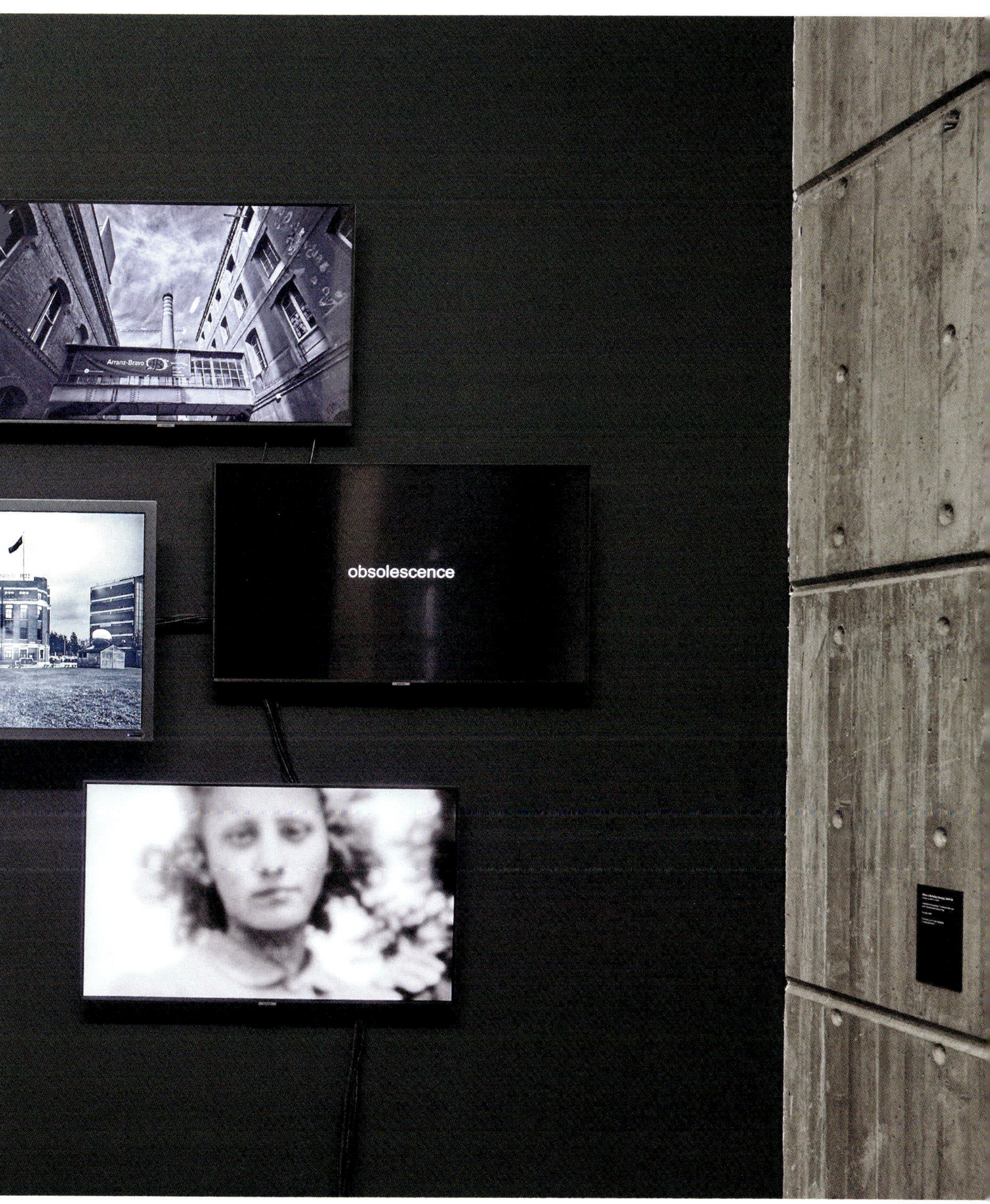

Tate Modern, 2018. Londres, Reino Unido / *London, UK*. C-Print. 120 x 180 cm.

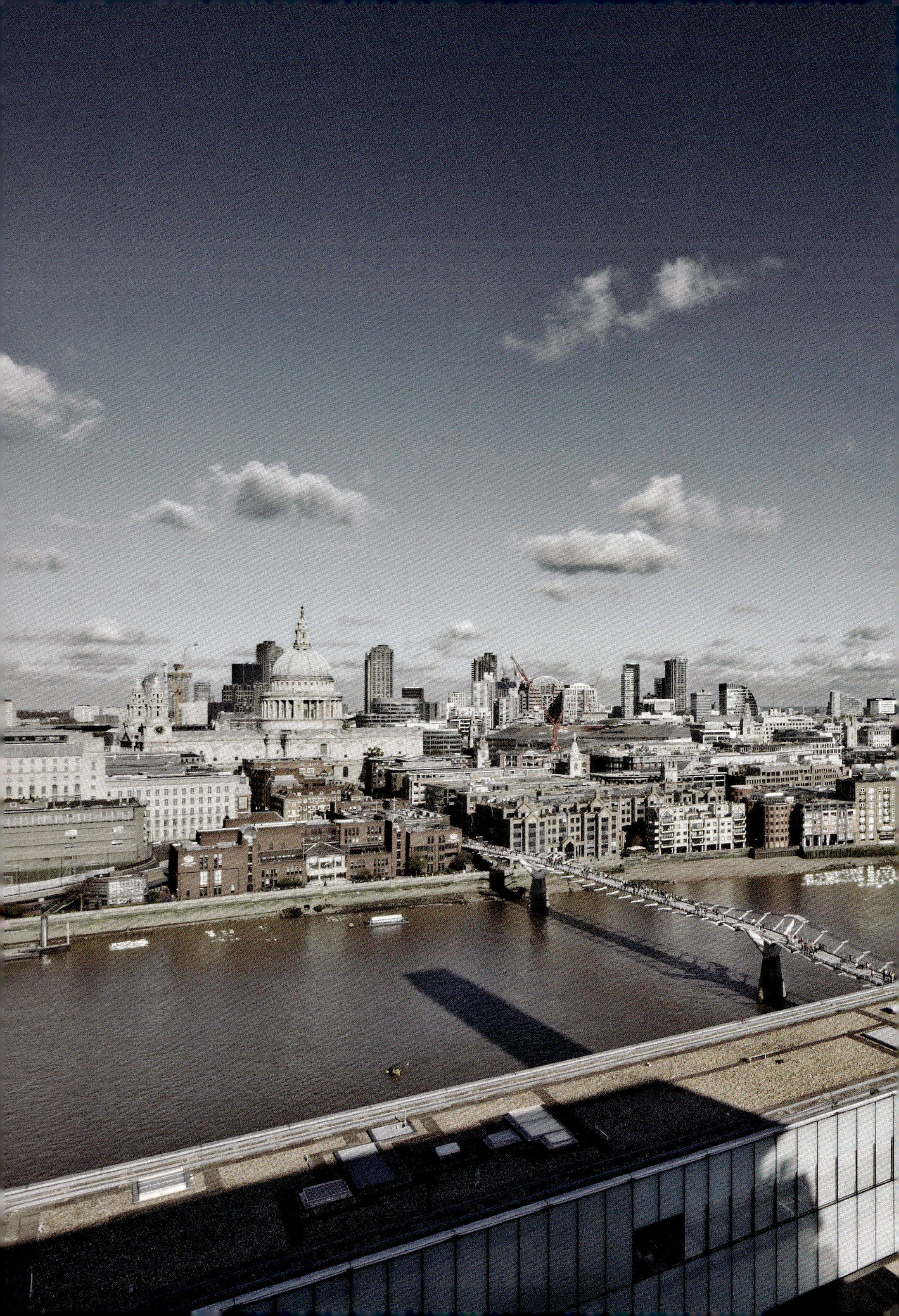

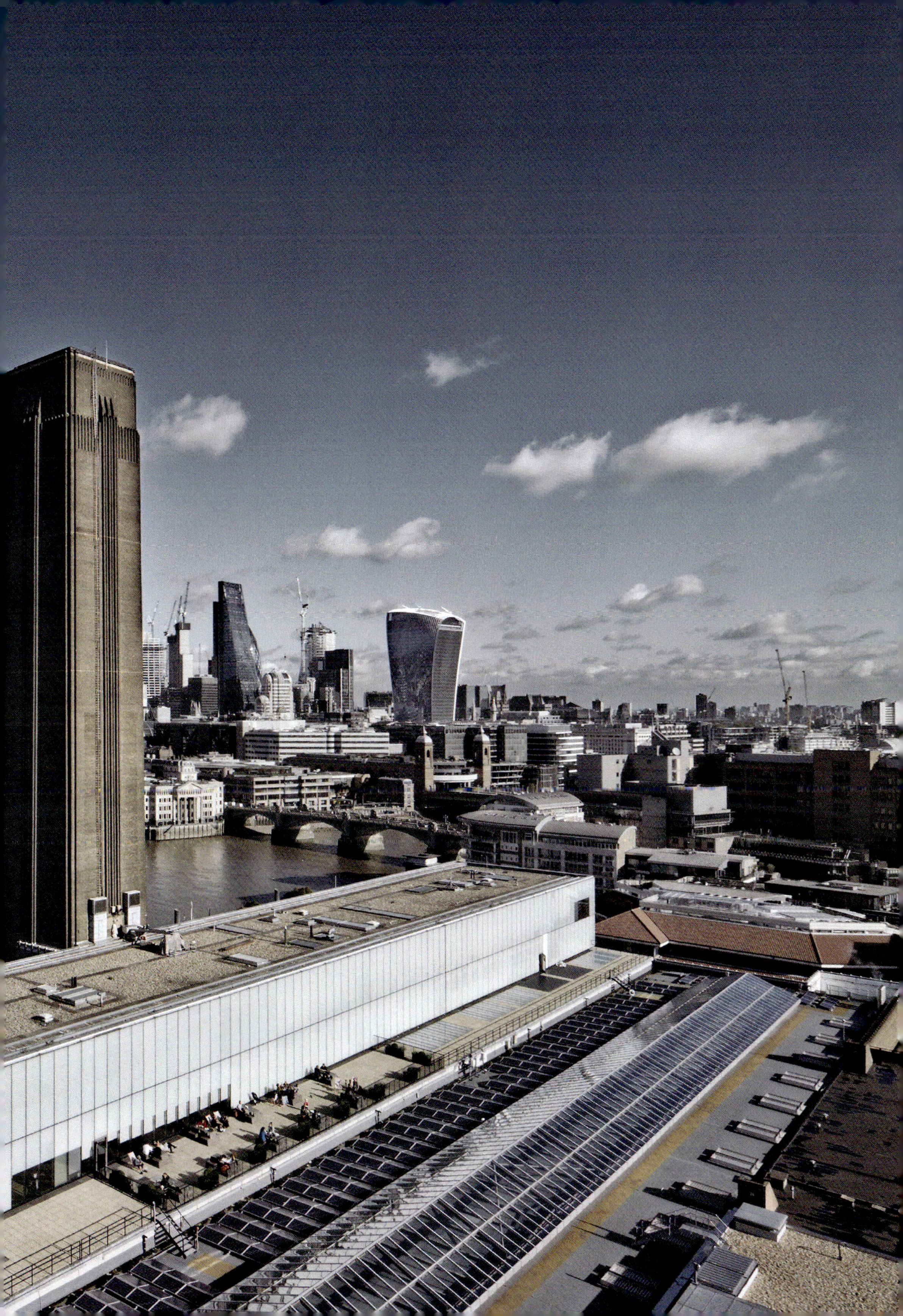

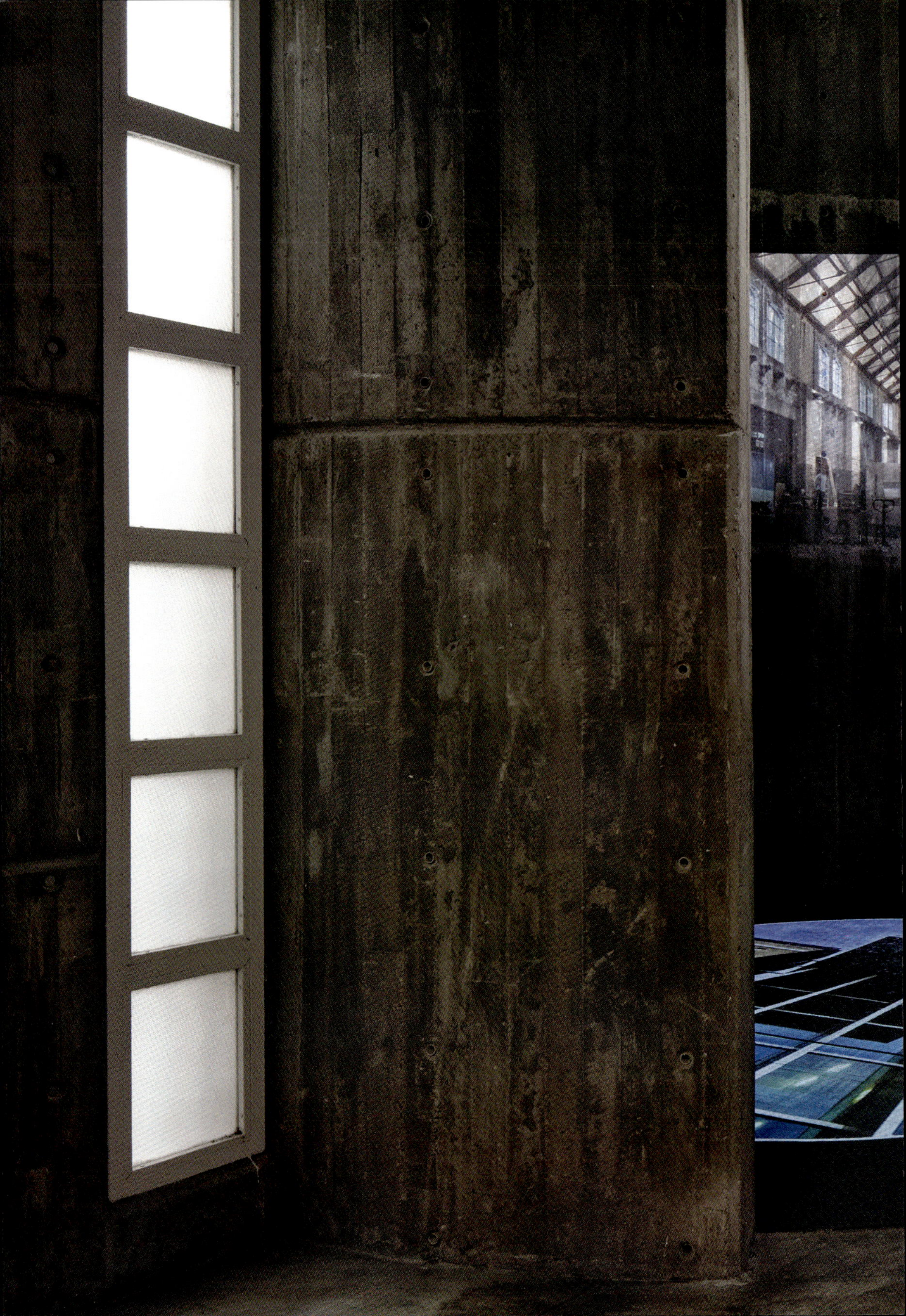

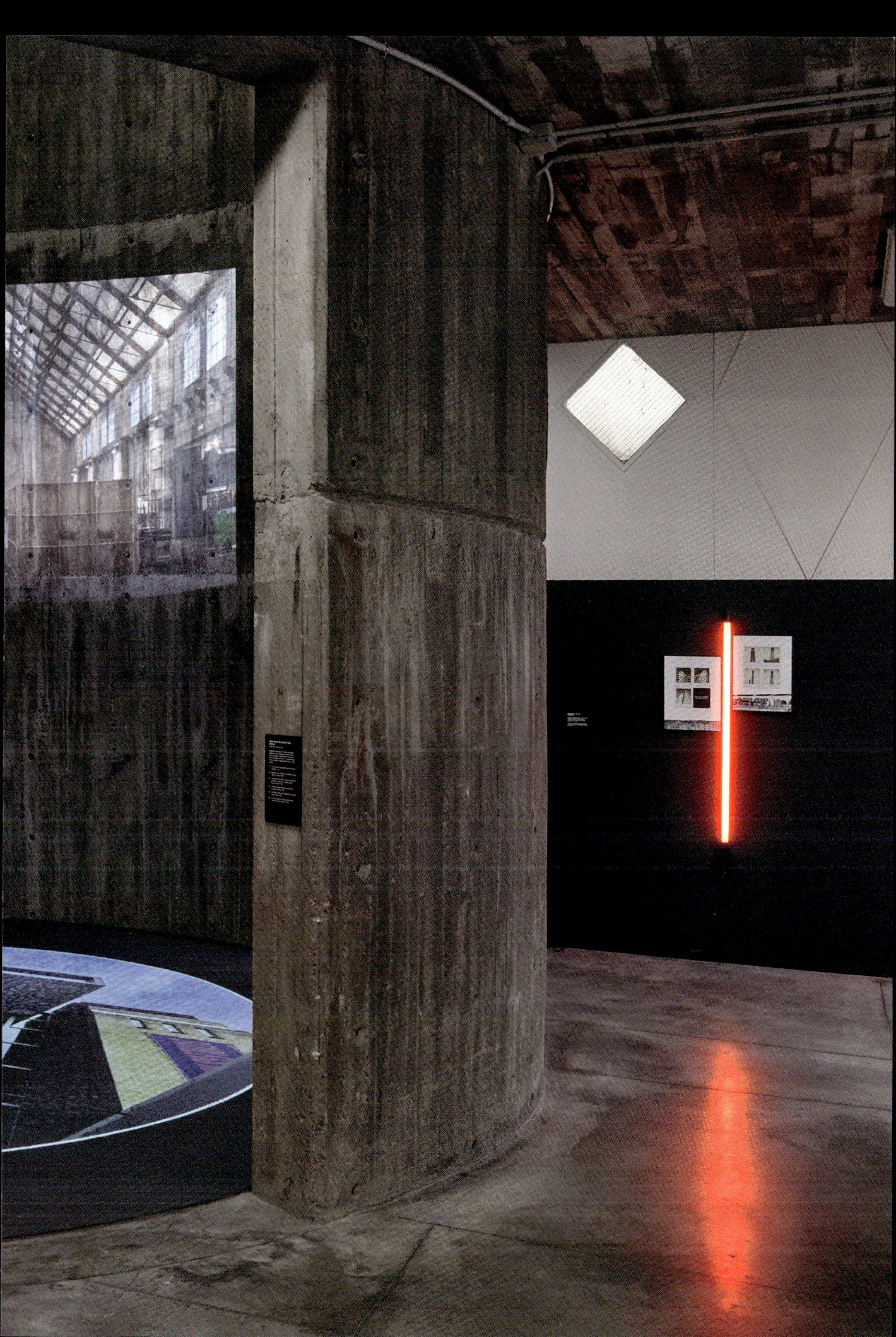

Nothing Endures but Change, 2023.
Video instalación inmersiva *site-specific:* 1 proyección circular cenital + 2 proyecciones murales de gran formato / *Site-specific immersive video installation: 1 circular video projected onto the ground + 2 large-format video projections*. 10' 10" + 24' 23" + 16' 15".

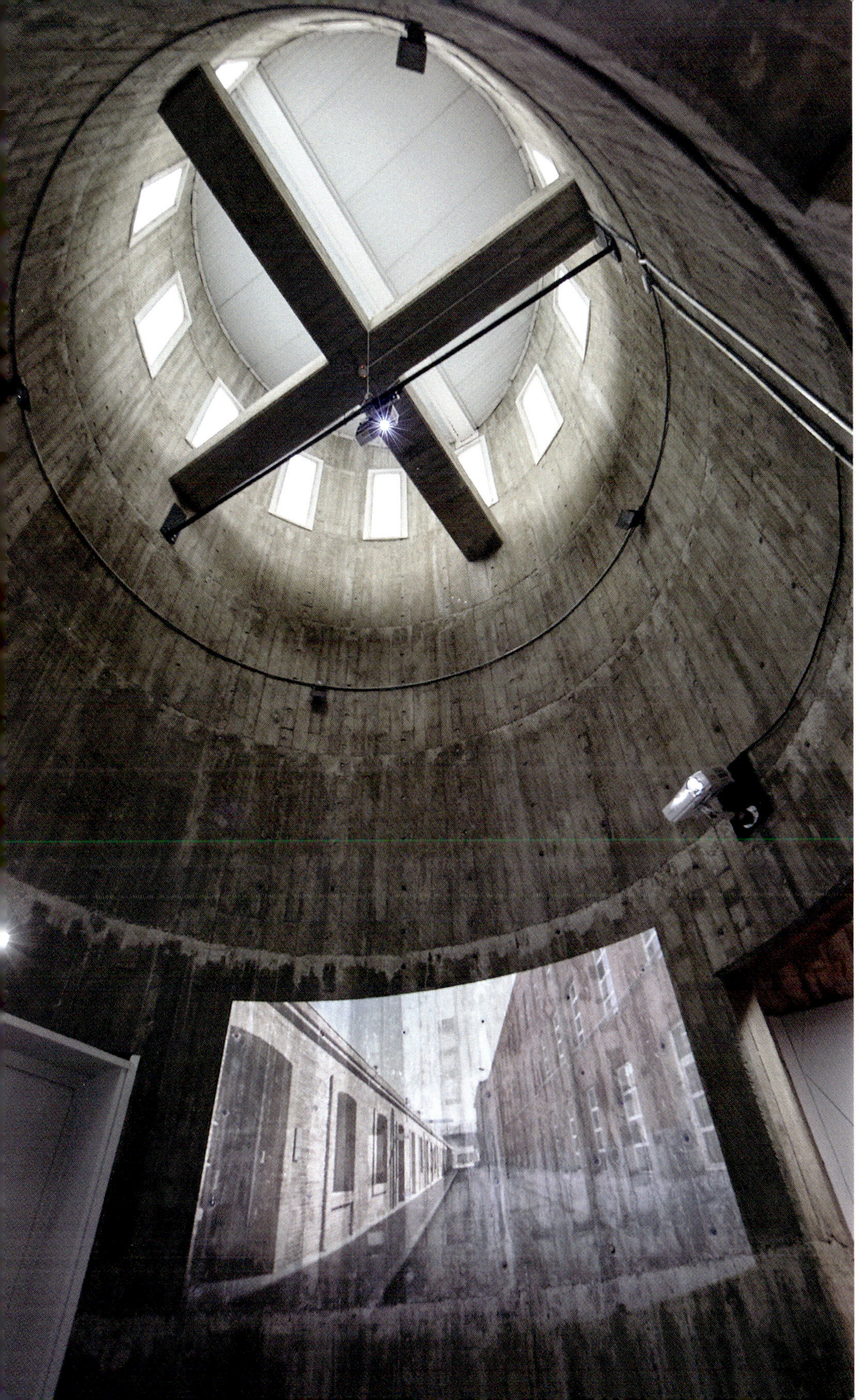

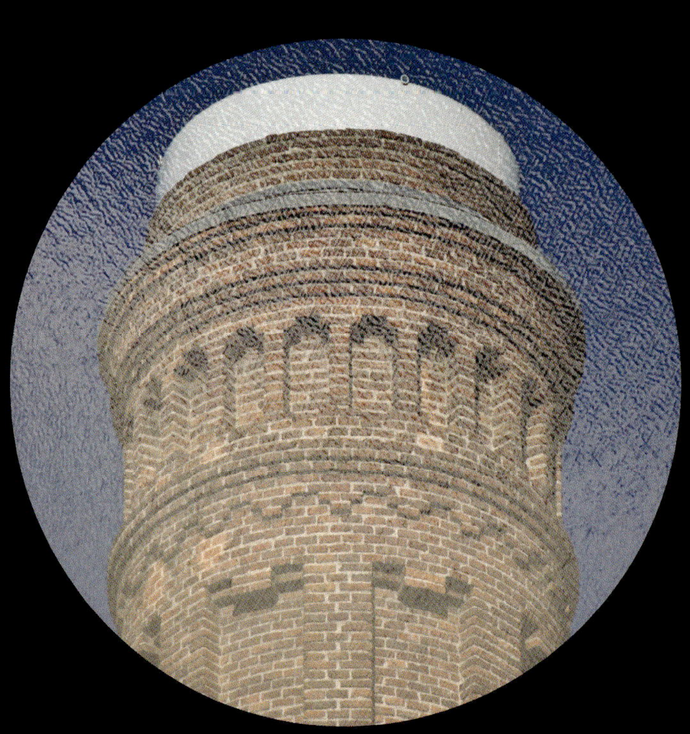

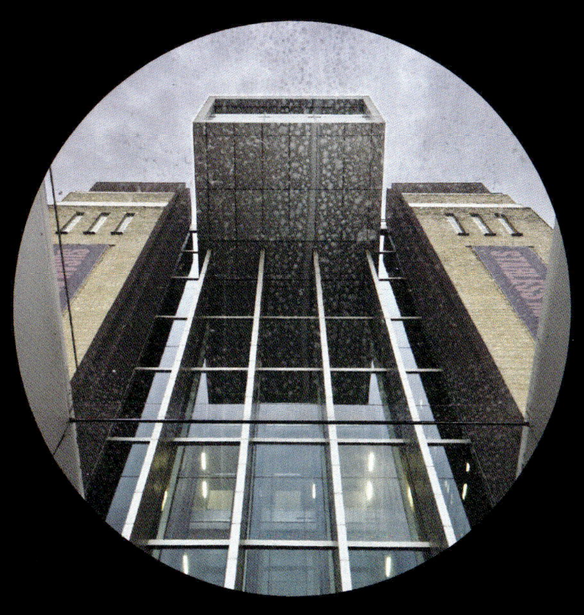

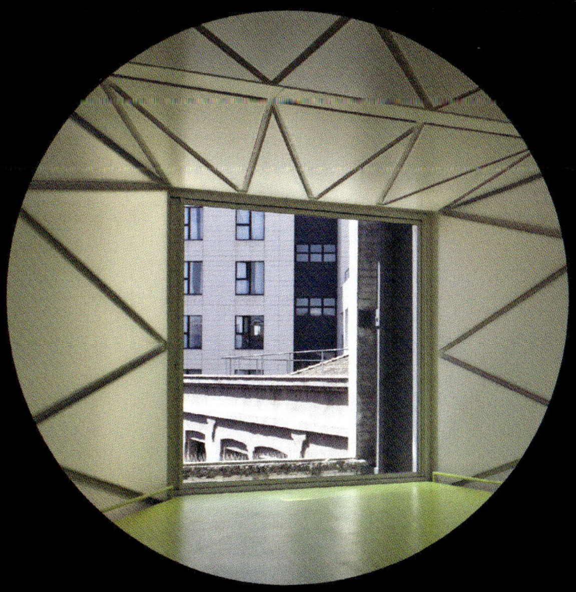

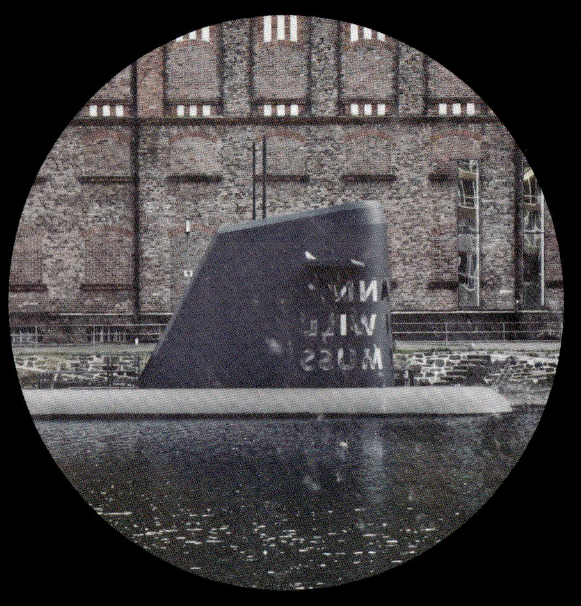

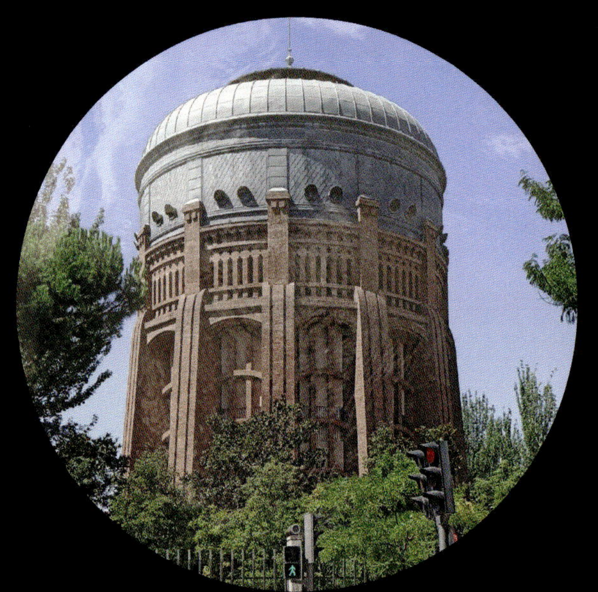

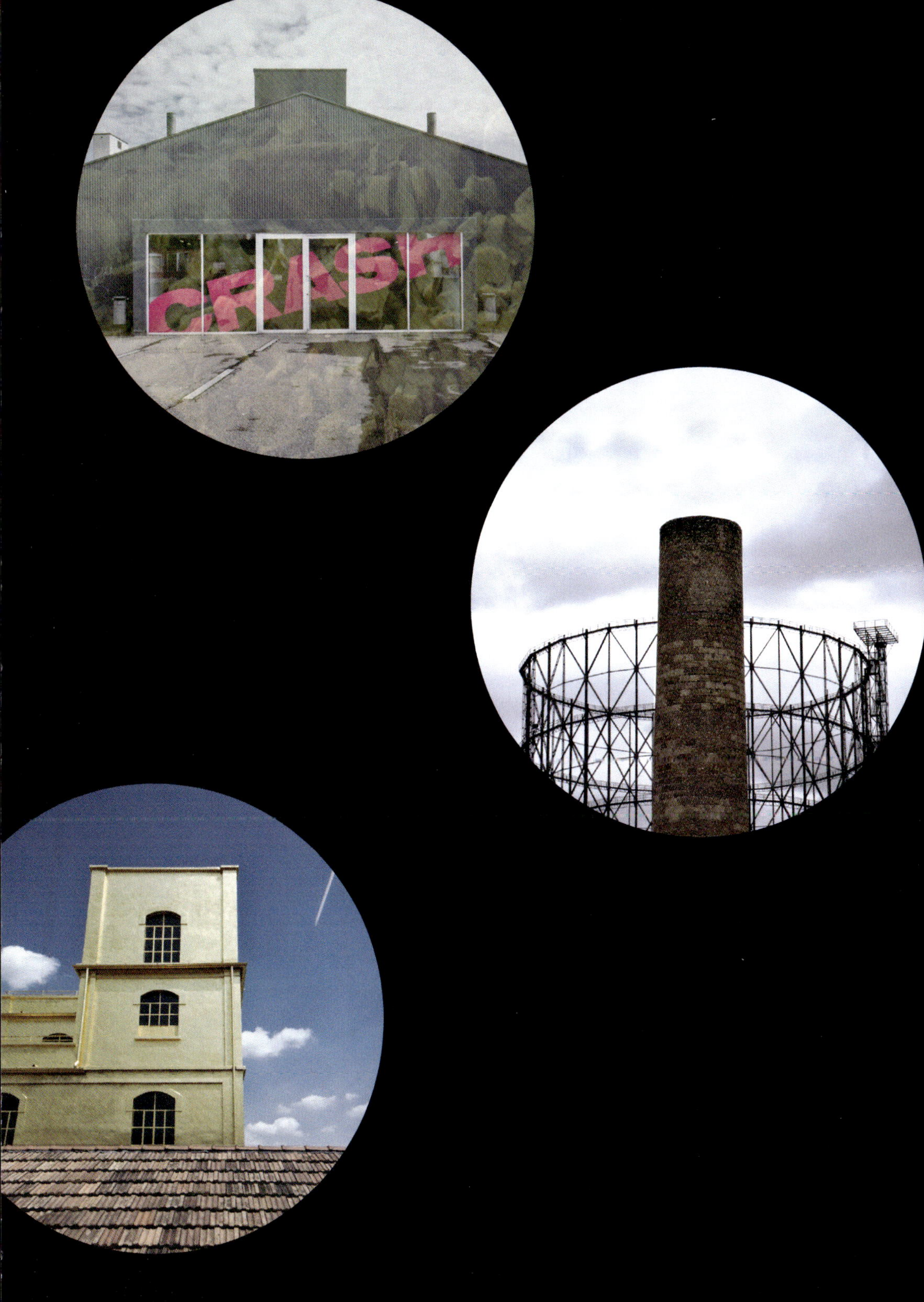
CRASH

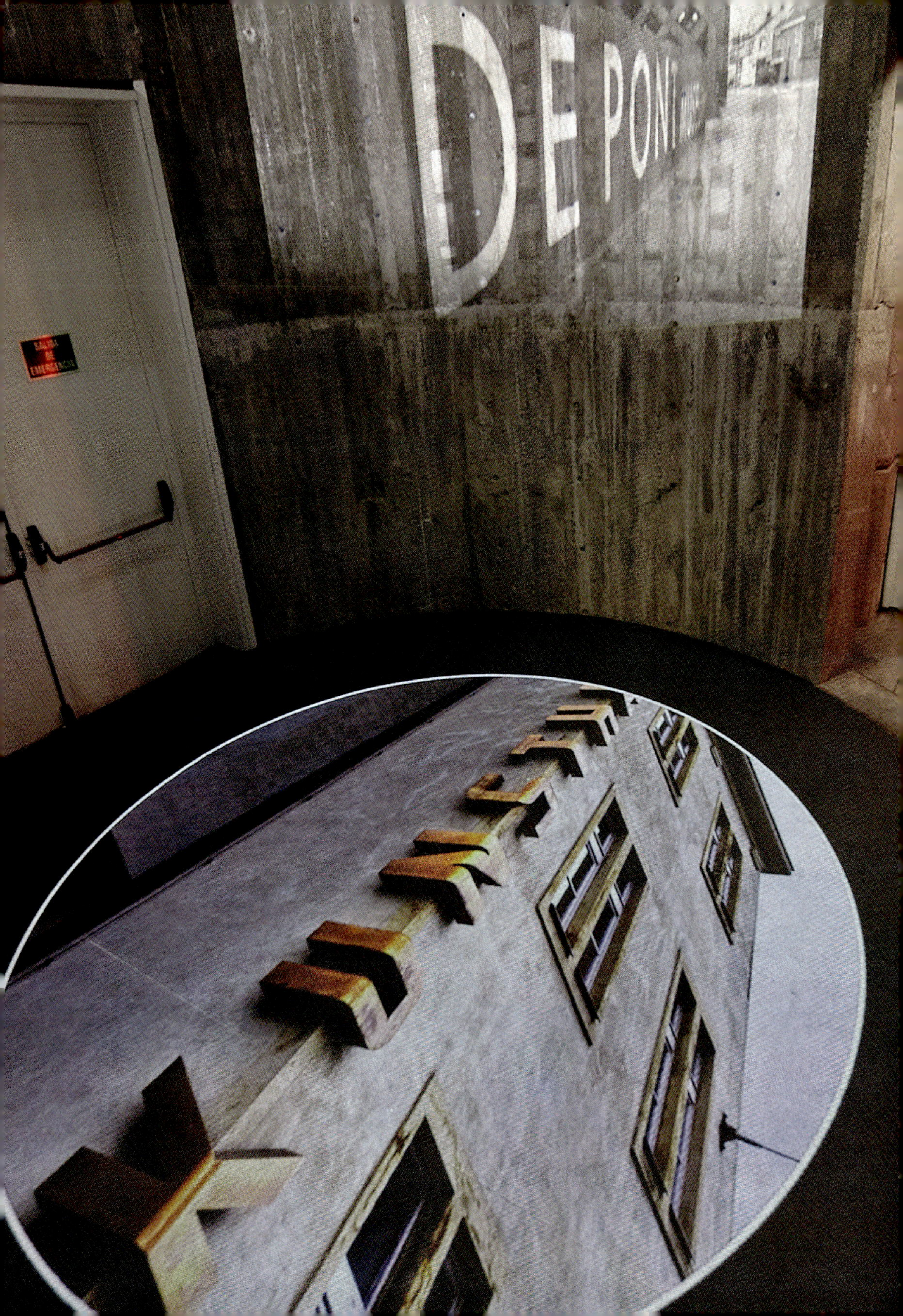
DE PONT
SALIDA DE EMERGENCIA

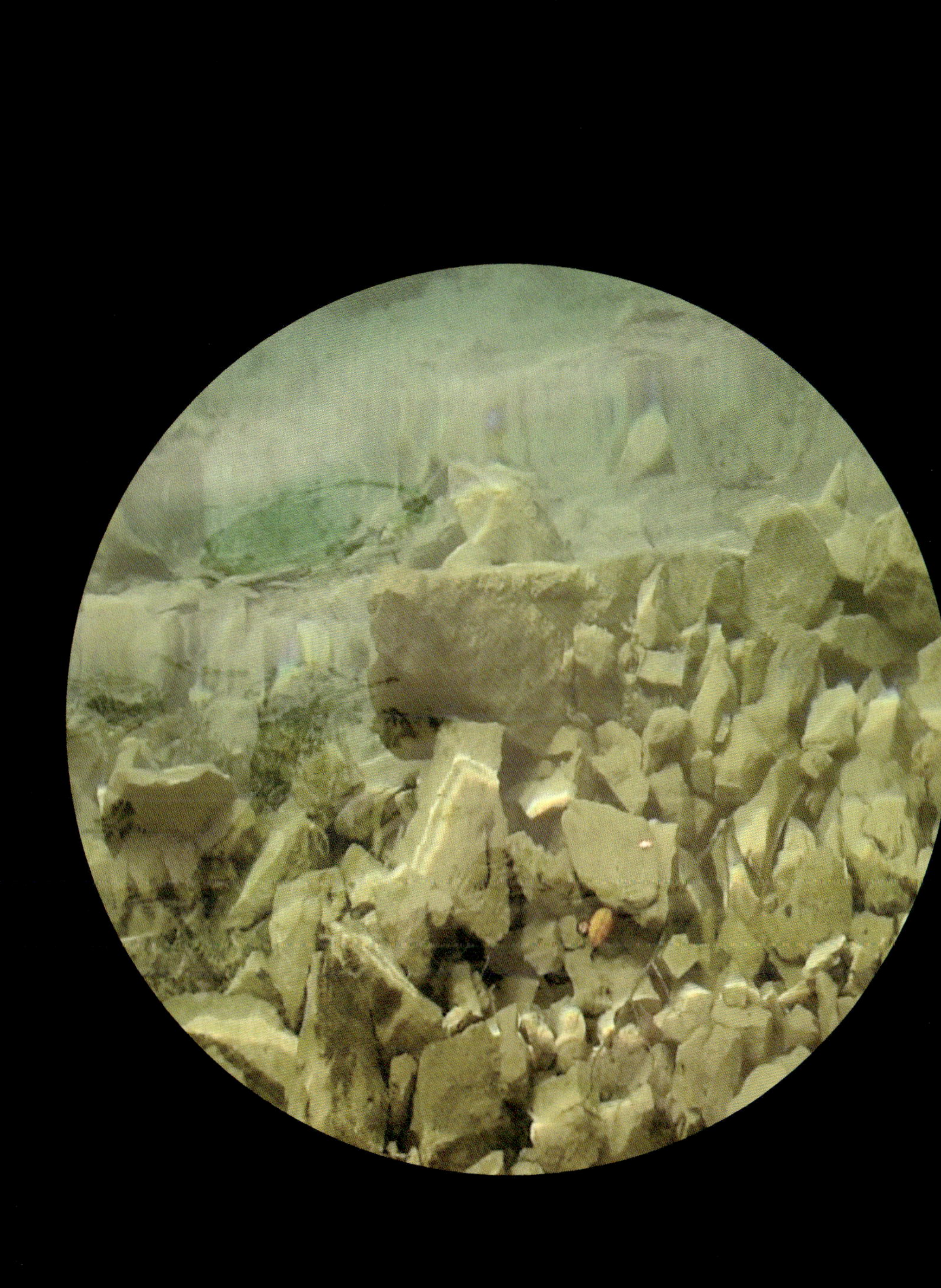

TODO CA
NADA
PERMANE

BIA,

CE

NOTHING ENDURES CHANGE_

BUT

RUINS AND PROMI-SES

David Armengol

I'm having a coffee in the bar at La Sedeta, a civic centre in Barcelona. Located in the Gràcia district, and more specifically in the Camp d'en Grassot neighbourhood, the establishment –light and airy with a billiards and chess area, like something from a bygone era– occupies the repurposed site of a major textile factory that was converted into a sociocultural and education centre back in the 1980s. Since then, La Sedeta has housed a secondary school, a primary school and this civic centre. With its red bricks and British air, the building stands out as a beautiful piece of architecture in an urban area otherwise dominated by impersonal high-rise apartment blocks. La Sedeta confronts the verticality of those buildings with a dialogue rooted in horizontality. True, the secondary school is high, but the other facilities are low-rise with a pleasing appearance: three storeys with a constant inflow of natural light. Unfortunately, the factory's vertical landmark, the chimney, was destroyed in 1976.

As I finish my coffee I amuse myself by gazing at the three old photographs –simple enlargements on vinyl– that adorn a little false wall near the bar counter. One is a group portrait of some of the women who worked at the factory: a historical and simultaneously feminist reclamation of the building's past life since La Sedeta employed a stable and robust female workforce (albeit on lower wages than the men). The other two images show the industrial looms that occupied the ground floor where I'm sitting right now. A few paragraphs next to the photos name the four workers shown –Juanita, Fina, Ramona and Leonor– and explain how the machinery worked. The memory of the place is subtly but meaningfully evoked in the present, even if the old industrial uses of the space have been replaced by leisure and educational pursuits.

From my table, I quietly observe everything around me: the large bar area, the steps leading up to a loft, the terrace outside where a few parents are having breakfast after dropping off their children at the school. It's early, only a quarter past nine, and some senior citizens are starting a friendly three-sided billiards match. Today they're taking enrolments for courses in the civic centre above the bar, and people are queuing up to put their name down. Warm sunlight pours in through big glass windows. Everything unfolds at its own quiet pace, without fanfare, oblivious to the former factory. As the bar at La Sedeta goes about its daily business, no one pays too much attention to the plaque dedicated to its industrial past, but it's there. And, truth be told, everyone knows it.

For the past few months I've been thinking about *Estas ruinas que (no) ves son una promesa* [These Ruins You (Don't) See Are a Promise] by Jorge Conde (Barcelona, 1968), an exhibition proposal which, rather than a specific project, is actually a research dynamic, or even a manner of looking by an artist whose work revolves around the meticulous analysis of the contemporary city. But it's precisely today, while drinking this coffee, that I've been struck –and moved– by the full intensity of his artistic practice. I'm referring to something more visceral than methodical, more intuitive than reasoned. I seem to have suddenly grasped on a more meaningful level how constant artistic activism has defined his career in general and his long dedication to this project in particular.

Jorge Conde is an artist, a photographer, someone who thinks and tells stories in images, but the essence of his condition is clearly political. Despite the aesthetic precision of his images, and even the beauty they distil, the ideological and conceptual construction of his work asks endless questions not only about the industrial memory of Western European cities but about the possible uses and functions that cultural policies promote for these places, for better or worse, once they have become obsolete. Thus, the cultural promise indicated in the title –a possible new life for the ruin– operates in his visual imagery like a double-edged sword. Part documentary photography, part subjective and poetic narrative speculation, his works analyse the cultural revival of most of the industrial heritage in European cities. However, this analysis is not an act of praise but of criticism: those same urban operations expose a whole series of social issues. The list is long and concerning: gentrification, speculative urbanism, ghettoisation, loss of urban identity, social inequality, mass tourism. And it's this that prompts the essential question underpinning all his work: *Who owns the past?* These key few words even dominate some of his works, over-written on the images: Who owns the past? Or to put it another way, who uses the place today?

I met Jorge Conde in 2020 when we were both working at Tabacalera, Madrid's old tobacco factory. The building ties in closely with his lines of research because the former industrial site has been striving for years to become a major cultural venue. Conde was presenting his exhibition *Estas ruinas que (no) ves son una promesa* for the first time, and it was on display in two different parts of the centre: La Fragua (named after the old factory furnace), which Tabacalera Promoción del Arte uses for site-specific projects, and the Sala Estudios, a series of spaces in the old factory less adapted to the new cultural functions and including more unusual and evocative areas like the toilets and showers. I had been invited to curate a commemorative exhibition for the 35th anniversary of Injuve, the historic competition for young creators established in the 1980s as a pioneer of institutional support for emerging art in Spain. Each in our own way, we needed to dialogue as best we could with a complex, vast sprawling building that could easily distort the intensity of any exhibit due to the powerful impact of its architecture and past. But I must say that I thought the spatial decisions Jorge made for his show were magnificent.

In fact, the exhibition design the artist presented at Tabacalera –immersive itineraries, accumulation and expansion of images, direct nods to the architecture itself through changing perspectives and optical illusions– is the same as the one he is now using at the Instituto Aragonés de Arte y Cultura Contemporáneos (IAACC) Pablo Serrano in Zaragoza. Plus, this new life of the exhibition once again resurrects, albeit indirectly, the industrial past of the centre's original building, an example of early 20th-century Aragonese industrial architecture that once housed the craft workshops of the old Hogar Pignatelli, a prominent orphanage in the city's social history. The IAACC building has undergone various architectural extensions during the course of its history, acquiring a meaningful presence in the city through a visually striking postmodern style of architecture that uses reinforced concrete to add height and deploys a distinctive palette of colours through its metal finishes. Even so, the IAACC embraces its past and its memory every day, which is precisely what Jorge Conde's work is about.

Having reached this point, I would like to examine one by one the strengths that define his artistic practice, all of them present in *Estas ruinas que (no) ves son una promesa.* Jorge Conde's rich and complex images –let's not forget that he is first and foremost a photographer –employ a series of scenographic and discursive elements that situate his work beyond pure imagery. The artist incorporates multimedia devices in his exhibitions, mixing and showing the images alongside other registers such as video, text and sound, with the result that the experience is immersive and sensory rather than strictly documentary.

Long creative process

The first thing that impressed me about Jorge Conde's work is the time he dedicates to his projects. When I read that he had been working on *Estas ruinas que (no) ves son una promesa* for more than 12 years, I couldn't help but admire his single-mindedness and determination. Such a long time clearly speaks to a robust research process. During these years the artist has photographed hundreds of cultural institutions housed in heritage buildings in more than 70 cities across 17 countries in Europe. Seventeen no less: Austria, Belgium, Croatia, Czech Republic, Denmark, France, Germany, Iceland, Ireland, Italy, Malta, the Netherlands, Portugal, Spain, Sweden, Switzerland, and the United Kingdom. This reflects a patient method of study, conscious of the role that time and direct experience play in his work. The artist travels to his chosen places, explores them thoroughly and then expresses the interesting aspects of what he has lived and felt. This long creative process is also indicative of an anthropological, or rather sociological, ambition. Conde has experienced first-hand the urban environments that appear in his images, and this enables him to include certain testimonial and sound elements in his installations, such as field recordings with background noise of the places in question. In his case, I would say that the sociological aims are directed more at the architecture than its users. And I get the feeling that this is a kind of urban animism, almost as if the artist, in his discretion and his respect for the memory of the place, could speak to the buildings and glean sensitive information alien to the human condition. Forgive me if this sounds a little over the top, but I think there's something of this in the way he reinterprets architecture.

Landscapes and cities

While the central theme of *Estas ruinas que (no) ves son una promesa* is the survival of industrial architecture and its conversion into cultural venues promoted by globalised post-industrial cities, the channel of transmission for Jorge Conde's visual narrative is clear and concise: urban or peri-urban landscapes.

His work contains a first impulse that is documentary: a desire for testimonial objectivity that prompts him to painstakingly record industrial buildings that have transcended their purely productive functions to adapt to other uses, and therefore to other urban, socio-economic and political realities. However, over and above that documentary photography, Conde's quest is for sophisticated images imbued with a symbolic and emotional capacity to reflect not only what these spaces are today but what they were originally. In this respect, a certain notion of transition, hybridisation or boundary between self-sustaining antagonistic times seems to underpin all his work; a strange latency between what the past was, what the present is and what the future will be. This is the premise that defines Jorge Conde's landscapes: a place frozen, trapped –or liberated– by the superposition of layers of time.

As I write about Jorge Conde's work, I can't help but recall the project of another artist with a keen interest in interpreting contemporary urban landscapes through their past and present times. I'm referring to Jorge Yeregui (Santander, 1976), and specifically to his exhibition *Acta de Replanteo* [Stakeout Act], also presented in La Fragua at Tabacalera back in 2016. Yeregui's photographs, like Conde's, analyse the presence of contemporary ruins but in his case there is no glimmer of a promise. There is no second life, and not even a first one. Yeregui focuses on failed architecture, on the waste of buildings half abandoned before being put to use due to the financial and real estate crises in Spain. In fact, this urbanistic disaster has populated our country with ghost places that have no memory, no identity and no possible future.

Despite the different nuances that characterise their landscapes, I am more struck by the affinities between Conde and Yeregui. Both base their work on direct experience of the place, and both document this experience through registers that go beyond images. Yeregui is arguably more performative and Conde more lyrical, more literary. Yeregui explores places and tries to pinpoint the exact moment when the architectures were abandoned, while Conde fantasises about what supposedly remains in architectures forced to become something else. The thing that really fascinates me about the work of both artists is precisely the speculative capacity which, one way or another, they manage to offer from such a standard theme like urban landscape.

Immersive experience

Jorge Conde's work contains a crucial duality, a game of opposites that becomes the core of his approach to photography. It is expressed in a constant dialogue between the exercise of objective representation (portraying the architecture in question) and a subjective, almost fictional reinterpretation (speculating with the building's memory). The artist offers us a body of images that rigorously document the transition from industrial heritage to cultural function while simultaneously inviting us to fantasise about the different lifetimes that converge in the present of these places. The initial objectivity of the document gives way to the poetics of the narrative.

In Conde's installation language photography is complemented by other registers to offer an immersive experience. Rather than generate distances with spectators, his work seeks proximity and complicity through the senses and empathy. We don't look at and interpret it from outside but from inside; we feel part of the narrative, integral to what is unfolding. The artist deploys different devices, both scenographic and discursive, to achieve this effect.

The first thing we notice is a very precise use of light, whether through the presence of light boxes to intensify individual images or through the treatment of the room lighting, with an emphasis on dark and/or shady areas that arouse other sensations and more flexible relations with the contents. In fact, the artist seems to deliberately shun the "white cube", the conventional neutral surround for exhibitions, experimenting instead with more dramatic and intense interpretations in which the space adds an extra element rather than disappearing.

Once inside the space, his work employs different methods to complement the image. Sometimes, this simply happens through accumulation in a specific area, i.e. the presentation of multiple photographs at the same time, but on other occasions it is achieved by overlaying a mixture of photographs on the same piece, like a digital collage that incorporates a highly evocative series of flashbacks. In the industrial biography these past times are not only intuited but are physically reflected and reclaimed in a quasi-spiritual manner. I'm referring, for example, to the incorporation of period photographs of people who worked in the factory and the projection of these images onto the present of the architectures. This evocative visual narrative has less to do with conventional reportage and more to do with a kind of magic realism.

The immersive experience in Jorge Conde's work is also manifested in the presence of video, text and sound; registers of time passing –through viewing, reading and listening– that encourage a proximity both more meaningful and more attuned to the artist's own experience in the place. Conde sometimes uses texts over the images, sending messages that vindicate the historical memory with a language derived from graphic design and advertising; on other occasions he incorporates videos in which the soundtrack stems from field recordings taken directly in the urban environments he analyses. These ambient sounds evoke the places for the poetic, rather than testimonial, purpose of transporting us there through the exhibition experience.

Wunderkammer and baroque legacy

In my opinion, the aspect that immediately stands out in *Estas ruinas que (no) ves son una promesa* is a powerful scenography that recalls the wonder-rooms or cabinets of curiosities: the *Wunderkammer* of Germanic culture, a concept that Jorge Conde uses directly to title some of his photographic series. The artist has opted to cover the walls practically from floor to ceiling with photos of different sizes creating an expanded archive of assorted buildings, cultural institutions, cities and countries.

The display prioritises the overall view over the interpretation of individual images, reflecting the artist's recurring methodology: photographing the present of industrial buildings that have been reborn with the promise of a new cultural life. This doesn't mean that Conde isn't interested in the specific narrative of each photograph. Quite the opposite: his images are simultaneously a sum of individualities, and every single title indicates the exact provenance of each place. I would say that in this respect they also reveal an unmistakable baroque legacy. The conception of the baroque altarpiece, which contains multiple interrelated narratives, perhaps sacrificing one central theme in favour of many, has a strong presence in the artist's approach. This ties in again with the uses of light and dark mentioned above, and also with the presence of ambient sounds to complement the images. His manner of conceiving the exhibition space therefore expresses a strange and precise spirituality.

The final aspect I would like to note is another detail of the exhibition presentation that is both highly characteristic and effective in Conde's work: namely, the intensification of the perspectives and vanishing points, and the dialogues between what is image and what is the actual exhibition space. I remember that this gesture– the image that duplicates the spatial sensation– caught my attention at Tabacalera, and it's present again at the IAACC. I'm thinking, for example, of the extensive series entitled *The Great Wunderkammer – The Time Compressor Room*, a central element of the exhibition which on this occasion culminates and closes the space with two photographs of the old slaughter warehouses at Matadero Madrid, generating a fictional continuity between the room and the images. The optical illusion –the blurred boundary between what is and isn't real, between what is and isn't physical– adds to the exhibition experience.

Activism and poetic testimony

I've already said that the central message of Jorge Conde's work is political. His manner of researching and treating his images uses art to challenge the prevailing models that define the way in which contemporary European cities recover industrial legacy for cultural purposes. But as I try to demonstrate –and vindicate– as best I can the activism that defines his practice, I now realise that this is best explained by something the artist himself has already said.

> This project reflects on the role of cultural institutions in the construction of historical narratives, and on the recovery of memory and the critical analysis of the development model born of the Industrial Revolution and the European colonial economic and productive system; a process that may be useful not only for restoring a certain memory but for overcoming perhaps more questionable historical narratives derived from globalisation and the neoliberal model of hyper-consumerism that currently afflict us.

It seems to me that this direct, concise paragraph written in the first person sums up the entire critical reflection that defines Jorge Conde's work: industrial memory, historical narrative and its effects and endurance in and through contemporary societies based on other production models.

However, and as noted above, despite this strong political stance Conde's work is also highly poetic. We need look no further than the title of the exhibition: "Estas ruinas que (no) ves son una promesa" not only adopts the structure of a verse but plays with the opposite meaning generated by the negation in brackets. It therefore insinuates a range of possibilities, a dual narrative that simultaneously reveals and conceals. In fact, I would say that Conde's work is rooted in a poetic literality that exhibits the objective on one level and its doubt on another level. Yes, the ruin offers a promise, but sometimes the ruin isn't there; and sometimes the promise is simply not fulfilled. I would go so far as to say that the premise of this poetic testimony underpins Jorge Conde's entire oeuvre, both in the archive images overlaid on the artist's recent documentary photographs and in the emotional use of light and sound in his exhibition settings.

To end, I feel the need to go back to that day in the cafe at La Sedeta. All these thoughts, notes and ideas about Jorge Conde's work likely emerged at that moment, when the realisation of the place's past and present led me to frame my own narrative about *Estas ruinas que (no) ves son una promesa*. So imagining I wrote this text while drinking that coffee, I'm going to wrap up these words by trying to go back to that day.

In the square outside, next to the bar entrance, another explanatory plaque –in this case made of methacrylate and attached to one of the porch columns– offers a moving historical narrative. When the factory closed in 1975, the Barcelona Provincial Savings Bank purchased La Sedeta with the intention of turning the site into a housing development. A barrage of protests and campaigns by local residents managed to halt the project. In the end, Barcelona City Council expropriated the land and built the educational and social facilities I mentioned at the beginning of this text. The neighbourhood not only gained a series of public facilities but preserved an industrial memory that forms an important and highly esteemed part of the local history.

As I walk away from the square, my mind turns once again to the message "Who owns the past?" that appears in some of Jorge Conde's images as a true statement of intent about his approach to art. Who owns the past? It's a difficult question which the artist has spent years trying to answer. I smile to think that sometimes at least, as has occurred with La Sedeta, the past is owned by the people who live there. But on many other occasions that isn't the case. And here we have the aesthetic and political root of his work: the visual speculation about ruins that become promises thanks to the hope of a second life. In short, a sum of successes and failures on a grand scale with the capacity to define the modern concept of city

SEEING AND NOT SEEING RUINS

Jorge Conde

Architecture is the incorruptible witness of history, because one cannot speak of a great building without recognising in it the witness of an era, its culture, its society, its intentions…

Octavio Paz
Mexican writer and poet

Reflections from fieldwork

From the outset, I intended to trace and investigate the memory of a wide selection of European sites with an industrial past that in recent times have been rescued from oblivion, recuperated and finally transformed through culture, thus modifying the territory as well as generating new opportunities, tensions and irradiations of all sorts. Urban and suburban areas where sociocultural initiatives have flourished and an emerging cultural scene has been created.

Similarly, I decided to treat this project as an opportunity to freeze myself in historical time, perhaps a chance to appeal to collectivity based on the conviction that past and future are only useful if we explain and imagine them with generosity and a sense of community.

In addition to tackling key issues such as gentrification, real estate speculation, ghettoisation, urban identity and social dispersion, I wanted to pose a reflection on the role of cultural institutions in the building of history and the recuperation of memory, along with the critical analysis of the development model established by the Industrial Revolution, and the economic-productive system promoted by European colonial and postcolonial societies. A process which shall hopefully be useful to restore a certain memory as well as to successfully face and overcome some of the most dubious outcomes of globalisation and the current neoliberal system and society mainly based on hyper-consumption.

The ruins of this project are the architectural vestiges of industrial facilities that no longer exist: a factory, a slaughterhouse, a power plant, a railway station, an automotive factory, a market, a gas holder, a flour, wool or paper mill, a water tower, shipyards, silos, harbour warehouses, a funeral parlour. Countless representatives of a system of social organisation and a production model that are familiar yet obsolete, having outlived their function, time and place. This sampling of assorted typologies –a total of 135 locations explored in 75 cities from 17 European countries over the course of more than a decade– comprises an archive of "faked" documents with no hierarchical order, a kaleidoscopic, arbitrary, vague tally of hybrid architectures which, by their very nature, avoid immutability.

However, this obsolescence decreed by evolution is not exactly abandonment or absence. To me it feels more like liminality, reinvention and transition, because in these places, now inhabited by others and used for different purposes, the memory of the industrial society and its erstwhile protagonists still lingers beneath the surface. The memory of those who came before us, some known and others, the majority, omitted from the official annals of history.

I approached the project from the perspective of an explorer with a keen interest in archaeology, its principles and forms of representation. Armed with the experience gleaned from previous investigations, I decided to embark on a campaign of meticulous, intense fieldwork, free of nostalgia but never rushed: I resolved to search every building for traces of industrial architecture and its transformation into an architecture which might have better prospects, to discover the intersection of unrelated functions that were often worlds apart, and intergenerational dialogue–in other words, an exchange between societies based on different values and production models and, if I may put it this way, the traffic between an extinct and an existing society. I wanted to detect and retrieve the memory of those functional architectural structures, predominantly instrumental *anonyme skulpturen*,[1] squeeze the last vestiges of that life they once had and give meaning to the transformations and renovations they have undergone in recent times, a meaning suited and perhaps necessary to this contemporary era.

Strictly speaking, it is surprising that some of these buildings are still standing, in part or in whole, more or less altered and with a new cultural purpose. It is no less surprising that such transformations, with varying degrees of critical judgement and success, have become an unstoppable trend in contemporary urban planning over the past several decades. The culture industry salvaged them for the new knowledge societies, like enormous, rejuvenated cargo ships trying to find their place in the contemporary landscape and clinging to life in the digital era. Hives of concentrated activity endowed with physical robustness, dedication and experience, they stand as witnesses to the culture industry's determination to meet collective needs in the face of adverse, constantly changing circumstances, even such unanticipated, uncertain, dystopian scenarios like the pandemic of 2020-21. Seminal elements with the ability to rescue the ruins of a bygone era from oblivion and give them a new lease on life. Architectural survivors that proudly announce the poetry of being reborn in another time and other circumstances, conquerors of their own fate.

These places salvaged for the benefit of society hold out the promise of a future, an enormous responsibility for all of us who act as agents of what we call citizenry and culture, from the artist who wonders about the world to the institution that finds, houses and shares his/her work. When faced with these buildings, seeing and not seeing ruins is as much an archaeological exercise as it is an act of will—perhaps a utopian act, but one motivated and refined by thoughtful perception. They represent a possibility of being in their connection to the past, articulated and resolved in the present and with legitimate aspirations of building the future and creating new ruins. More than repurposed spaces, they are a collective opportunity.

1 Bernd and Hilla Becher, *Anonyme Skulpturen: Eine Typologie Technischer Bauten* (Düsseldorf: Art-Press Verlag, 1970).

Genealogy and evolution of the project

The seed of the idea that eventually led me to this project was planted in 2009 as a result of the international financial crisis, its devastating social impact and its unsettling repercussions for the culture industry and its "containers". After an exciting initial phase in which I focused on the phenomenon of old, vacant spaces converted into cultural institutions, their role in recovering memory and how they affected the surrounding territory, I created a series of works and an archive of European and American scope. This process culminated in an exhibition called *Cualquier lugar es otro lugar* [Any Place Is Another Place], which toured extensively in Spain and abroad between 2011 and 2019.

However, as I elaborated on the concept and began feeling the need to explore this idea in a local, more geographically limited context, I stepped out of my comfort zone and embraced enriching new work methods. The result was A *World-Size House*. Thanks to this project, created in 2015–16 during my stint as an artist-in-residence at the Royal Academy of Spain in Rome, I was able to immerse myself in the Roman cultural scene, where I tried to understand and analyse the social impact of fifteen institutions that had emerged from a process of architectural and urban regeneration. To achieve this, I adopted an "immersion experience methodology" that entailed prolonged first-hand contact with these liminal settings, documenting their activity and interviewing the heads of these institutions as well as their users, neighbours and passers-by.

One day Begoña Torres, the former director of Tabacalera Art Centre in Madrid, visited my studio in Rome, and we both began to revisit my earlier works and talk about taking a closer look at those spaces, purely industrial in origin and typology but now dedicated to promoting the visual arts and contemporary thought in Western Europe. We agreed to take a documentary approach and design the exhibition as a hybrid sensory experience that would give visitors an idea of the overwhelming, unfathomable nature of the phenomenon while also proposing a dialogue with the evocative physicality of Tabacalera's architecture. In the end, we decided to spend three years conducting the fieldwork, choosing the spaces and developing the artistic concept before publicly exhibiting the results in the more than *ad hoc* building of Madrid's old tobacco factory.

In consequence, *Estas ruinas que (no) ves...* [These Ruins You (Don't) See] takes the form of an enormous collection of interrelated photographic and video documents that also converse with the quasi-theatrical spaces of Tabacalera, the transformed architecture that can be seen in buildings such as the IAACC Pablo Serrano Museum in Zaragoza (Spain), and many other European sites with an industrial past. Selected documents, stratified, evanescent itineraries, evocative texts, overlaps of current and archive images, simulated sound recreations constructed from ambient sounds and contemporary interpolations that imitate functional movement and life before and after transformation. An experience that aspires to stimulating timelessness as a strategy for reflection

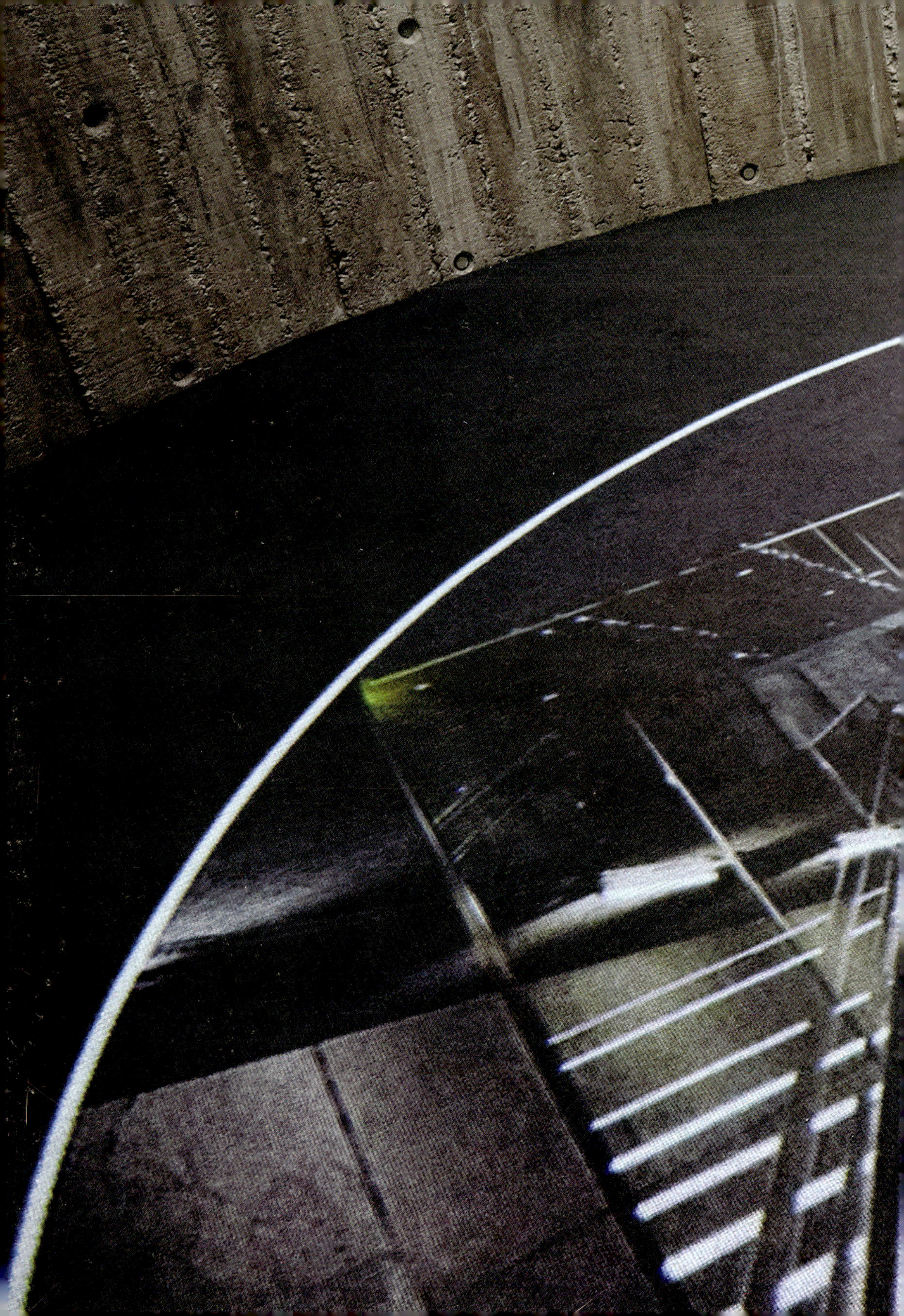